走进绿水青山　感受诗与远方

十八大以来文化和旅游改革发展案例选

中央文化和旅游管理干部学院 ◎ 编著

中国旅游出版社

编委会

前　言

党的十八大以来，习近平总书记多次到国内各博物馆、纪念馆和旅游景区景点考察调研，就文化和旅游改革发展以及生态环境保护、乡村振兴、脱贫攻坚等相关方面工作作出重要指示。为深入学习贯彻习近平总书记相关重要指示精神，总结文化和旅游改革发展经验，进一步推动文化和旅游融合发展，中央文化和旅游管理干部学院组织编写了《走进绿水青山　感受诗与远方：十八大以来文化和旅游改革发展案例选》。

编写组以习近平新时代中国特色社会主义思想为指导，以中央关于文化和旅游改革发展相关政策文件为依据，围绕推进文化和旅游深度融合发展的主题，跟随十八大以来习近平总书记的文化和旅游相关考察调研脚步，收集整理总书记行程路线中部分博物馆、纪念馆、旅游景区景点、美丽乡村等典型示范点的文化和旅游改革发展案例。围绕记住乡愁、文化遗产、红色记忆、生态文明4大主题板块，以突出典型性、特色性、实用性、创新性为编写原则，力求通过对主要做法和发展经验的提炼总结，为下一阶段的文化和旅游改革发展提供参考借鉴。

因相关案例内容涉及领域广、覆盖范围大，再加上编写组水平和实践的客观限制，本案例选难免存在疏漏和不当之处，恳请广大专家读者批评指正。

编者

2021年1月

目　录

第一篇　记住乡愁

第二篇　文化遗产

第三篇　红色记忆

第四篇　生态文明

第一篇

记住乡愁

花茂村[①]

① 新华社客户端，无人机照片，新华社记者陶亮 2020 年 2 月 28 日摄。

案例 1

浙江省安吉县余村：从“卖石头”到“卖风景”，余村人实现了金山银山

一、发展概况

余村，位于浙江省安吉县西南部，地处天目山北麓，因境内天目山余脉及余村坞而得名，三面环山，余村溪自西向东绕村而过。全村总面积 4.86 平方千米，山林面积 6000 亩，水田面积 580 亩；下辖 2 个自然村和 1 个中心村，8 个村民小组，农户 280 户，人口 1060 人，党员 56 人。

2005 年 8 月 15 日，时任浙江省委书记的习近平在安吉考察时来到余村，对余村人下决心关停污染环境的矿山，准备恢复生态搞旅游的做法给予充分肯定，首次提出“绿水青山就是金山银山”理念。15 年来，余村始终牢记习近平总书记的嘱托，忠实践行“两山”理念，把这些生态环境优势转化为生态农业、生态工业、生态旅游等生态经济优势，实现了经济发展和生态保护双赢，先后被评为全国文明村、全国美丽宜居示范村、全国民主法治示范村、全国生态示范村、全国乡村治理示范村、国家 4A 级景区和全国农村优秀学习型村居。

二、主要做法

（一）加快环境修复，让村庄面貌焕然一新

一是推进旧村改造。借力美丽乡村建设、生态文明创建及世行贷款项目，有序推进厂区改造、道路三化、河道整治、污水处理、垃圾分类、农地复垦“六大行动”。先后投资近 2000 万元，拓宽村道，修复冷水洞水库，拆除余村溪边的所有违法建筑，加快旧村改造、基础设施建设和环境提升，村庄面貌焕然一新。二是推进矿山生态恢复。坚持工程措施与植物措施相结合，注重自然修复和专业化生态治理，对主要坡面及其他地段边坡进行浮石清理等；对清理、平整后的边坡岩面，坡底种植爬藤类植物，坡顶边缘种植悬藤类植物，“上悬下爬”方式实

现快速复绿；对平台区域，通过种植水土保持能力强的小型树种以及在苗木间隙内播撒草籽方式实现水保持与复绿。大力度实施复垦改良，恢复治理区原有的生态环境，整理出 60 多亩土地，可用于种植各类经济作物，产生了显著的经济社会效益。注重水土保持，针对排水沟区域，出口处设置沉砂池，使得治理区排水畅通，减少水土流失。三是推进环境保护"立法"。在《余村村规民约》中，单独将环境保护制度作为一项内容并将之细化。如今，什么该做、什么不该做，有了村规民约的引导，村民心中都有本"清楚账"。制定农家乐管理条例，对污水处理、明码标价、用工等方面做了明确规定，并要求制度上墙。

余村生态修复前后对比①

① 图片来源：新华社客户端，其中上图为浙江省湖州市安吉县天荒坪镇余村20世纪80年代的资料照片，下图为新华社记者翁忻旸 2018 年 4 月 24 日摄。

（二）实施生态立村，打造美好生活向往地

一是推行清洁生产。多管齐下抓好农业清洁生产，实行农药化肥减量使用，严禁在田园、山林使用高毒农药；推广有机肥还田还园；严禁焚烧秸秆，提倡综合循环利用；严禁家禽家畜散养放养。二是推行清洁生活。2016 年，安吉县首先在余村创新探索“垃圾不落地”新模式，即“余村模式”。引进专业物业公司负责保洁工作，按照“可回收”“不可回收”等不同属性，定人定时送街道资源循环利用中心进行垃圾分类处理。通过推行“定点投放、定时收集”，做到垃圾不暴露、转运不落地、沿途不渗漏、村容更整洁，改善村庄卫生环境。三是推行清洁视线。将自来水管、电力线、电视光纤、通信电缆、排污管道等 5 类管线全部埋入地下，提高土地空间管控和利用的效能，净化地面和空中视线环境。四是推行清洁能源。作为浙江最早一批实施生态农网“一村一规划”的村庄，余村以“线杆融景、变台为景”创新生态配电模式，做到与美丽乡村生态环境相融合。

（三）发展生态休闲旅游，探索绿色发展之路

2015 年，余村完成村庄环境提升等一系列工作后，开始探索“村景合一、全域经营、景区运作”的乡村旅游发展模式，创建国家 4A 景区，休闲旅游经济蓬勃兴盛，打响生态旅游、绿色休闲、藏富于民的特色品牌，开辟美丽环境向美丽经济多元转化的渠道。一是发展休闲观光体验农业。流转 500 多亩农田，发展休闲观光体验农业，严禁任何项目入驻，并将水泥厂原址周边近 180 亩地进行复垦，种植樱花、向日葵、荷花等，打造五彩田园区。为破解排水问题，村里还打造海绵村庄，每隔 50 米左右在路边开一个生态沟，让住宅区域与农田、山林自然过渡，并在五彩田园区、两山会址公园等景点铺建蓄水草坪，绿地、小溪、山塘与竹林、白茶山相间、错落有致。二是打造风景名胜区旅游。以“竹海景区”定位，打造风景名胜区旅游，通过村民自治、市场参与，提升了景区、园区的格调和品位，逐步打造出以河道漂流、户外拓展、休闲会务、登山垂钓、果蔬采摘、农事体验为代表的休闲旅游产业。利用红色旅游资源，建成全国唯一的“两山”会址主题公园，集中展示当年习近平同志发表“两山”重要思想的珍贵影像资料。将民主法治文化打造成旅游亮点，把体现法治精神的村规民约画在农户墙上，挖掘、整理老百姓身边的法治故事，教育引导村民讲法治、推民主，并将法治理念和精神传递给游客，从 2015 年至今，余村已接待各级各界参观团队100万人次。三是以深化文化和旅游融合提升产业附加值。将乡村旅游与生态农业、文创产业等融合，鼓励村民从事旅游讲解、民宿管理等多种职业，实现差异化、个性化发展。目前，余村全村280户村民中，有100多户户主当起了小老板。利用村内原工业厂房新建余村竹文创中心，借助外力开发适合余村及天荒坪镇的高附加值竹产品，以旅游带动竹手工艺的创新和普及。四是不断完善旅游布局。与安吉县文旅集团签订战略投资协议，将全村打造成为集考察培训、山地运动、健康养生等于一体的旅游综合体。扎实推进“两山”示范区建设，开启与周边村庄、天荒坪镇区特色互补、协同发展的模式。

青山掩映中的余村[①]

三、经验启示

（一）“两山”理论是乡村旅游发展的根本指引

一般认为，旅游资源是旅游业发展的前提和基础，一个地方要发展旅游，要么要有自然风景旅游资源，要么要有人文景观旅游资源。余村作为一个既没有名山大川自然风景旅游资源，也没有历史名人人文景观旅游资源的一个矿坑村，凭什么能成为全国闻名的旅游景区？余村凭的就是“两山”理论。通过践行“两山”理论，余村封矿造林、美化环境，发展现代民宿、休闲农场、乡村

① 图片来源：新华社客户端，新华社记者谭进2018年6月1日摄。

文创等乡村旅游业态，把矿坑村变为美丽的旅游景区，吸引大量游客前来参观，成功把生态资源转化成旅游产业，将“绿水青山”变为“金山银山”。因此，在发展乡村旅游时，我们必须认真践行“两山”理论，把绿水青山建得更美，把金山银山做得更大。

（二）生态资源转化成旅游产业需要开动脑筋

好的生态资源并不必然意味着旅游产业发展，全国有不少地方的生态资源比余村还要好，旅游产业却发展不起来。其原因固然有地理区位等外部因素，更为重要的是解放思想、开拓创新等内部因素。正是因为余村人解放思想、开拓创新，余村把旧矿区修建成“矿山遗址公园”，建成全国唯一的“两山”会址主题公园，将民主法治文化打造成旅游亮点，吸引大量游客前来参观。因此，我们在谋划将生态资源转化成旅游资源的时候，一定要立足当地的实际认真谋划，切实找准生态资源转化成旅游产业契合点。

（三）乡村旅游不仅要外在美，更需要内在美

说到发展乡村旅游，大多数人想到的是优美的环境。余村的实践告诉我们，相对于优美环境等外在美，民主法治、乡风文明等内在美似乎更重要。15年来，余村始终将自治、法治、德治“三治”融合，建立新时代的乡村治理模式，为旅游发展聚集强大力量。一方面，坚持民主决策，大到关停矿山、小到垃圾桶管理，都广泛征求村民意见，为乡村旅游顺利发展汇集了民意。另一方面，将民主法治文化打造成旅游热点，吸引大量游客前来参观，2015年至今为余村带来了百万人次的客源。因此，我们在注重优美环境、优美景点等“外在美”建设的同时，也要高度重视民主法治、乡风文明等“内在美”的建设。

参考资料：

游祖勇 . 从“卖石头”到“卖风景”——浙江余村生动诠释“两山”理念［J］. 当代县域经济，2018（8）.

案例 2

河南省信阳市新县田铺大塆：不搞大拆大建，把传统村落改造好、保护好

近年来，田铺大塆因地制宜、因势利导，引入专业设计团队对古村落进行保护性修缮，建设河南首个创客小镇，依托红绿古色文化发展乡村旅游，实现“破旧古村落”到“旅游名村”的华丽转身。

一、发展概况

田铺大塆，位于大别山腹地的河南省新县东南部田铺乡，占地 4.6 平方千米，村内建筑始建于民国初期，为典型的豫南民居，深受中原文化、楚文化与徽派文化的影响，多为土坯墙体、斜顶瓦房的独特建筑形式，同时融汇了北方民居的硬朗和南方民居的灵秀。

近年来，田铺大塆因地制宜、因势利导，通过引入专业设计团队对传统村落进行修缮保护，推进当地优美自然环境与古村落建筑形成一幅和谐美丽的画卷，先后入选中国第三批传统村落、省级美丽乡村建设试点、中国景观村落。

在此基础上，田铺大塆依托丰富的红色文化资源和绿色生态资源，大力建设创客小镇，吸引全国各地游客前来参观，让良好的生态环境发展成为“美丽经济”。短短几年，田铺大塆实现了“破旧古村落”到“旅游名村”的华丽转身。据统计，2018 年田铺大塆旅游综合收入 1500 多万元，吸纳就业 120 余人，其中包括 10 名建档立卡的贫困户村民，全村村民人均增收 1.8 万元。而今，田铺大塆乡村旅游已经辐射带动了周边 6 个贫困村，193 户贫困户以到户增收项目资金入股合作社，共享了乡村旅游发展红利。

田铺大塆村貌[①]

二、主要做法

（一）对古村落进行保护性修缮

随着岁月的流逝，很多古建筑年久失修，成为危房，如何对这些建筑进行抢救性保护成为当地的一个重要课题。2013 年，河南省政府、河南省新县政府发起了“英雄梦，新县梦”规划设计公益活动，先后有 100 多名专家学者和设计师、600 多名助手助理和志愿者参与此次公益规划活动。以此为契机，2014 年，新县把这里作为美丽乡村建设试点进行保护性修缮，先后投资 2200 多万元，全面实施包括村组道路、供排水、人工湿地、垃圾中转站、大塘整修、绿化亮化、数字电视村村通等系统工程，实现“设施完善布局美、村容整洁环境美、创新增收生活美、乡风文明身心美”的“四美”标准。在保护修缮过程中，一方面，尽量保留原有古村建筑的风貌，保留土坯墙体、斜顶瓦房、马头墙、天井等古建筑。另一方面，尽量保留了村民原有的生产方式，以农家乐为依托，以高于市场价格回收本地稻米、花生、猪肉、蔬果等，鼓励荒地变良田。“美丽乡村”建设开始后，田铺大塆的独特优势逐渐凸显，当地优美自然环境与古村落建筑形成一幅和谐美丽的画卷，先后入选中国第三批传统村落、省级美丽乡村建设试点、中国景观村落。

① 图片来源：新华社客户端，无人机照片，新华社记者李嘉南 2020 年 6 月 12 日摄。

（二）建设河南首个创客小镇

改造后的田铺大塆如大多乡村现状一样，面临大量青壮年外出务工导致老龄化严重的问题。为了注入年轻血液，同时带动村民积极性，共同实现生活富裕，2015 年，田铺大塆三色农耕园艺合作社与上海蔓乡旅游投资管理有限公司深度合作，打造河南省首个创客小镇，为创新创业者搭建学习创作的平台。一方面，全方位地解决大学生们“有想法没资金”，以及对乡村发展不够有信心等问题，最大限度避免创客们的风险，充分发挥年轻力量的智慧，让他们愿意回到乡村。其具体做法是：在网络和当地发布创客计划，招募年轻创客提供包含具体故事和想法的技术书，经筛选后运营团队对他们的想法进行全方位的投资，包括租房、装修、产品采购、店员工资等。从网络上招募的年轻创客无须承担投资风险，有效地解决了大学生们“有想法没资金”的难题，为本村及本地青年铺好了回乡村创业之路。另一方面，将创客平台与文化和旅游相结合，把创新创意融入美丽山水，以时尚元素增辉传统村落，打造 20 余家特色小店，开发品类丰富、层次多元的乡村旅游产品，让田铺大塆走出深闺、走向大众。目前，这里既有地方土特产、民俗农家乐、农耕体验区，也有公益创客平台、咖啡馆、书吧、主题商店。创客小镇的建立，吸引很多大学生、农民工返乡创业，还带动了乡村旅游的发展，每逢节假日，到这里旅游的游客络绎不绝。

（三）依托红、绿、古色文化发展乡村旅游

田铺大塆是许世友将军故里、刘邓大军千里挺进大别山的落脚点、韩家寨战斗遗址，有着丰富的红色文化资源。为积极开发利用红色文化资源，田铺大塆与大别山干部学院合作，作为大别山干部学院开展党性教育和党内政治文化教学的实地现场，举办“寻访知青足迹，重温激情岁月”返乡知青联谊会、“红城文艺轻骑兵”送文化进景区巡演、快闪、“党支部推荐放心店”评比、悬挂“共产党员之家”光荣牌、“庆国庆升国旗”等文化活动，使红色文化资源得到最大限度的呈现和开发。同时，将红色文化与当地特色文化相结合，一是与本地特色古村落建筑结合，不大拆大建，不搬迁居民，最大限度保留村子原始文化生态，鼓励村民对自家房屋进行升级改造，发展民宿；二是与本地文化活动相结合，开展“非遗爱在乡村，创客引领时尚”主题活动，将本地特色文化资源豫南皮影戏、民间舞狮、地灯戏、竹编及传统纺织手工艺加以推广，为游客展现丰富多元的豫南风情文化。2019 年 9 月 16 日习近平总书记考察后，为了推动乡村旅游提质增效，筹建了游客集散中心。建成后的中心，距红色旅游点——许世友将军墓 7 千米，距绿色生态旅游点——黄毛尖 10 千米，距古色古香的田铺大塆仅 1.5 千米，将红、绿、古三色旅游串联在一起。

空中俯瞰田铺大塆[①]

三、经验启示

（一）发展乡村旅游要保护好、利用好古村落

田铺大塆之所以能吸引全国各地游客前来参观，关键在于其优美的自然环境与古村落建筑形成了一幅和谐美丽的画卷，让人流连忘返。当人们看到保留土坯墙体、斜顶瓦房的同时融入了马头墙、天井等建筑时，心里满满是乡愁。与此同时，田铺大塆并没有停留在简单保护一座座具有历史的古建筑上，而是通过引入专业团队建设创客小镇，对古建筑背后所承载的民俗和文化进行深入挖掘，把创新创意融入美丽山水，以时尚元素增辉传统村落。因此，我们在利用古村落发展乡村旅游时，一方面要坚持整体保护的思想，注意保护及恢复古村落的传统环境和风貌，包括原有的城市空间形态、水体水系、建筑群体环境、地方历史建筑及具有民族特色的人文景观。另一方面，又要通过与技术和商业的紧密结合，将本地历史记忆、生活方式、生产方式等特色地域文化加

① 图片来源：新华社客户端，无人机照片，新华社记者李嘉南 2020 年 6 月 12 日摄。

以保护传承、挖掘利用和创新表现，打造特色居住空间，让古村落重新焕发生机。

（二）发展乡村旅游的关键在于激活人心

人心暖了，村子才能活起来，之后才能有乡村旅游的持续健康发展。通过创客模式，田铺大塆让乡村旅游成果惠及全体村民，实现了村民生活富裕，为田铺大塆旅游的持续发展提供了重要力量。其具体做法是：一是从村民手中租来开设店铺用的房子，让利给村民，带动村民一起致富；二是将一批居家妇女、老人招聘到餐饮服务、商铺销售、卫生保洁等岗位，既实现了贫困人口家门口就业，又解决了“三留守”问题；三是每年从营业总收入中拿出部分资金作为当地村民的扶贫基金，利用旅游带动全村村民一起脱贫致富；四是开展农夫市集，村民可以来市集直接进行各自农副产品的销售。如今，创客模式成为一个将田铺人的回忆具象化的商业化平台，受到广大村民的欢迎。因此，我们必须要把激活人心作为发展乡村旅游的重要任务，通过各种手段让乡村旅游成果惠及全体村民，让村民生活更加富裕。

（三）发展乡村旅游要善于借助外力

发展乡村旅游不能仅停留在坐而论道的层面，需要对当地的文化资源进行挖掘、对村庄的旅游做整体规划，需要团队来运营，这些都需要专业人士来具体运作。田铺大塆的实践告诉我们，对于人才特别是专业人才比较奇缺的乡村来说，借助外力是有效之举。在规划设计阶段，田铺大塆借助由中国扶贫基金会、中国古村落保护与发展委员会、北京绿十字和新县政府共同发起的“英雄梦，新县梦”规划设计公益活动，借助苏州的设计团队，对田铺大塆的文化、品牌、产品、产业、建筑、景观进行了综合设计规划；而在设计运营阶段，又借助上海蔓乡文化旅游发展集团，对具体业态和项目进行落地。可以看到，这种“以外激内”的发展模式在发展乡村旅游中是有实效的。

参考资料：

1. 孙伟．红色文化与乡村振兴的契合机制与实践路径——以新县田铺大塆为分析样本［J］．河南社会科学，2020，28（07）．

2. 马跃峰．古老乡村的小康图景——回访河南新县田铺乡田铺大塆韩光莹家［J］．人民周刊，2020（04）．

案例 3

江苏省徐州市马庄村：富口袋、强脑袋，多措并举描绘乡村振兴幸福画卷

30多年来，马庄村加强党建引领，发挥党组织战斗堡垒作用和党员先锋模范作用。依靠产业振兴，不断增强群众获得感和幸福感。重抓文化立村，突出文化传承，坚定文化自信，既富了口袋，更强了脑袋。转变发展方式，千方百计把生态资源转变为生态财富。加强和创新社会治理，形成自治、法治、德治紧密结合的治理体系，打造共建、共治、共享的社会治理格局。通过上述努力，形成了极具特色的乡村振兴马庄经验。

一、发展概况

马庄村地处徐州市东北郊25千米处，隶属贾汪区潘安湖街道，有600多户人家、5个村民小组，村域面积4.1平方千米，耕地面积3100多亩，是一个典型的城郊型村落。马庄有20多家骨干企业，年产值超过2亿元。近年来，马庄

空中俯瞰马庄村①

① 图片来源：中国文明网2018-03-26，网友齐梓辰摄。

村先后获得全国文明村、中国十佳小康村、中国民俗文化村、全国敬老模范村居、中国幸福村等数十项荣誉称号，成为“两个文明”融合发展的时代标兵。

二、主要做法

（一）党建为民，筑牢为人民服务的坚强堡垒

马庄村党组织始终把人民利益摆在至高无上的地位，带领和依靠群众共同创造美好生活。一是以增强政治领导力引领群众干事创业。村党组织积极推动“四强三带”：强堡垒、强班子、强队伍、强本领，带乡村文明、带共同富裕、带生态宜居。在具体工作中，坚持重大事项、重要问题、重要工作由党组织讨论决定。严格执行“三会一课”、组织生活会、谈心谈话、对党员进行民主评议等制度。常态化开展党员“挂牌亮户先锋行”活动，全村党员在产业发展、文化建设、社会治理等各项工作中始终发挥先锋模范作用。二是以增强群众组织力引导群众同心同德。村委会坚持每月 1 日举行升国旗仪式，凡是在家的村民都要参加。升国旗仪式结束后，村干部举行“国旗下讲话”，回顾总结上月工作，公布村民小组、村办考核积分。同时对当月村里重要工作征求村民意见，引导群众积极参与村里各项事务，支持集体事业发展。坚持决策透明化、办事规范化、管理制度化，坚持村务公开，阳光运作，畅通群众表达渠道，确保群众的知情权、参与权、监督权得到落实，最大限度凝聚民心。三是以增强社会号召力帮助群众排忧解难。真心实意把群众当亲人，对事关村民切身利益的问题，不论矛盾多么复杂，都想尽办法解决，直到群众满意为止。经常依托村民乐队，深入村社农户、田间地头，宣传党的方针政策，及时帮助群众思想上解惑、精神上解忧、文化上解渴、心理上解压，做到小问题不出组，大问题不出村。

（二）产业富民，夯实全面建成小康社会的物质基础

依靠产业振兴，不断增强群众获得感和幸福感。一是做强特色工业。20 世纪 80 年代，马庄村大力发展乡镇企业，先后兴建三座年产 10 万吨的村办煤矿企业。90 年代，先后建立水泥厂、面粉厂、机械厂、化妆品厂和运输公司等 10 多个集体企业，形成了农、工、商、贸综合发展格局。进入新世纪，根

据生态恢复和环境保护需要，主动关闭煤矿和污染企业，以发展民营经济为突破口，以建设标准厂房为载体，大力培育科技含量高的特色主导产业，形成了 10 多家年总产值过亿元的科技小巨人企业，成为村民持续增加收入的主要来源。二是做优品牌旅游。发挥民俗文化优势和潘安湖生态景区优势，着力打造生态文化旅游产业品牌，不断完善景区服务功能，游客人数和旅游收入大幅增长，成为淮海经济区旅游新热点。发挥当地民间手工艺制作历史悠久的优势，着力打造民俗文化品牌。成立民俗文化手工艺合作社，培育中药香包制作专业能手 200 多人，开拓电商销售渠道。以“王秀英中药香包”为龙头的香包和面灯制作等系列产品，得到习近平总书记高度赞扬。三是做实现代农业。深化农村集体产权制度改革，采用入股、租赁、托管等形式，流转土地 2000 多亩，提高农业集约化水平。成立粮食生产和苗木种植合作社，完善粮经种植结构，统筹发展园林苗木、果菜菌菇等农产品。引进农产品深加工企业、实施田园景观休闲体验项目。通过推广农业新技术、新模式，不断提升农业生产综合效益。

马庄村民俗文化手工艺①

（三）文化强民，铸就坚定文化自信的精神风貌

马庄村重抓文化立村，突出文化传承，坚定文化自信，既富了口袋，更强

① 图片来源：中国文明网 2018-03-26，网友齐梓辰摄。

了脑袋。一是把草根艺人打造成文化达人。20 世纪 80 年代初，马庄村一些村民富裕了起来，酗酒赌博、封建迷信、违法犯罪等现象一度增多。村党组织对此非常焦虑，迅速商定有力措施。村委会拿出 3 万元，组建农民电声铜管乐队，引导村民欣赏文化精品、传播优秀文化，用文化的力量净化心灵，激发向上向善的热情。后来，又组建民俗文化表演团，让更多村民加入锣鼓、舞龙、舞狮等民俗文化表演队伍，培育群众团结协作意识和集体主义精神。30 多年来，铜管乐团和民俗文化表演团硬件投入累计超过 400 万元，培育村民专兼职乐队演员超过 350 人。他们从小舞台走上大舞台，从农村走进城市，从国内走到国际，累计演出 8000 多场，屡获国内外奖项，还于 2005 年在央视《春节联欢晚会》惊艳登场。二是把民俗底蕴转化成精神家园，紧扣民俗文化精华打造不停摆的文化舞台。每年春节初一到十五，举办农民运动会和元宵灯会，展示村民健康体魄、合作意识和进取精神，活跃农家节日气氛。每年三月初八至初十，举办马庄传统庙会，吸引十里八乡上万人前来进行经济贸易和文化交流。2013 年，投入 3000 万元，建成大型民俗文化广场。以神农氏雕塑为主体，以二十四节气文化柱为背景，营造乡村文化氛围，弘扬农耕文明。1986 年创建“金马之声”广播室，“大喇叭”连续 32 年每天早、中、晚三次，定时播报本地新鲜事和党的方针政策，成为村民离不开的正能量之源。三是把时代精神塑造成艺术精品。

马庄村民俗文化表演[①]

① 图片来源：中国文明网 2018-03-26，网友齐梓辰摄。

马庄乐团很多成员一专多能，他们贴近农村实际和群众需求，结合神农祭祀等传统文化和时代主题，创作了几百个群众喜闻乐见的小品、快板、歌舞、歌曲。围绕党的十九大精神，马庄村编排演出《新思想引领新时代》等 10 多个文艺节目，连续演出数十场。习近平总书记视察马庄村观看演出后，连连称赞节目编得好、演得好，勉励农民乐团为丰富村民文化生活多做贡献。

（四）生态惠民，建设人与自然和谐共生的美丽家园

绿水青山就是金山银山。进入新世纪，马庄村"两委"班子居安思危，转变发展方式，千方百计把生态资源转变为生态财富。一是变生态"伤疤"为绿色"氧吧"。2001 年，根据国家统一要求，马庄村果断对三座矿井永久性关闭，下定决心修复采煤塌陷地，还村民绿水青山。2002 年开始，马庄村陆续投入 300 多万元，因地制宜修复采煤塌陷地 1300 亩。对其中 800 亩采煤地，栽种速生杨生态林，让森林花木环抱村庄，让村民享受绿色天然氧吧。对沉降严重的部分采煤地，通过取土加固、联通水系、种植树木、放水养鱼，将其打造成村民垂钓休闲的娱乐场所。同时，大力推行秸秆化沼气，变废为宝，杜绝秸秆焚烧污染，获得全国首家"秸秆太阳能沼气循环利用示范村"称号。二是变美丽村庄为创业福地。利用村庄良好生态环境，大力发展先进机械制造和现代服务业，累计兴办绿色低碳型企业 15 家，帮助本村和附近村民在家门口实现就业和创业致富。三是变一湖清水为致富源泉。潘安湖湿地公园是我国煤炭塌陷地生态修复的成功典范，近万亩水面超过国家三类水标准，是贾汪区近十年新打造的四个 4A 级景区之一。马庄村紧挨潘安湖，区位优势得天独厚。马庄不失时机创办旅游专业服务公司，置办游艇，培训队伍，依托潘安湖开展生态旅游服务。目前，因水生态优良而闻名的潘安湖，已经成为马庄村村民致富的聚宝盆。

（五）善治安民，发挥自治、法治、德治三位一体的集成效应

治理之道，莫要于安民。一是以高度自治增强当家做主意识。马庄村坚持村民自治、增强村民主体意识，形成了"一马当先、跃马扬鞭、马不停蹄、马到成功"的马庄精神。坚持村民自我管理。每月召开村民会议，大到村组干部选举、村组建设规划，小到先进模范评选，都让群众参与和体验，不断提高群众的主体意识。坚持村民自我服务。积极培育村民为主体的社会组织，其中最具代表性的村民兵营，创造性开展"八队一兵"活动，30 多年坚持军事训练，主动在社会治安、拥军优属、环境卫生等方面做表率，几十年如一日夜间巡逻。二是以严格法治规范村民行为。先后制定了村规民约、红白理事会章程等 21 项 150 条规章制度。村规民约从孝顺父母、履行村务等全方位做出规定，村民照章守规的意识明显加强。三是以良好德治培育向善向上民风。从 1986 年开始，马庄村逐步形成一套完善的“家庭档案”管理制度，每年按照家庭和睦、环境卫生、遵纪守法、好人好事等情况分项给每户打分。2004 年起，村里每年拿出 10 万元按评比积分进行奖励兑现，以评比激发村民道德力量，实现村民自我监督、自我提高。坚持依靠文化推动德治。组织村民自编自演节目，把优生优育、殡葬改革、遵纪守法等内容融入艺术创造，用群众身边人演身边事，既育己又育人。坚持依靠榜样推动德治。每年开展好媳妇、好婆婆、好妯娌等评选活动。

三、经验启示

30 多年来，马庄村在不断发展的创新实践中，积累了许多弥足珍贵的经验，带来了许多有益启示。

其一，让党建强起来是根本与核心。“提衣提领子，牵牛牵鼻子。”马庄村实践表明，必须依靠一个好支部和一个好带头人，才能带领群众奋勇前进。只有加强党建引领，发挥党组织战斗堡垒作用和党员先锋模范作用，才能凝聚力量，同心同德，众志成城，不断战胜各种艰难险阻，赢得各项事业最后胜利。

其二，让产业强起来是主要抓手。产业强则百姓富。马庄村实践表明，无论是解决群众就业、增加群众收入、丰富群众文化生活，还是加强环境保护和生态建设，维护社会公平正义，促进社会和谐稳定和全体人民共同富裕，都离不开坚实的物质基础，说到底，都离不开富有特色、富有品牌、富有实力、持续强劲的产业支撑。

其三，让脑袋强起来是重要条件。习近平总书记视察马庄时指出，乡村振兴，不能光看农民口袋里的票子有多少，更要看农民精神风貌怎么样，这是最本质的东西。马庄村实践表明，只有举时代之旗、扬文化之帆、建精神家园，让群众既富口袋更强脑袋，让“软实力”与“硬实力”相得益彰，富起来才会变为强起来。

其四，让生态强起来是重要目标。马庄村实践表明，生态不仅是资源，更是财富。破坏环境，害人害己；修复生态，利国利民。面对长期形成的生态短板，必须确立“生态优先、绿色发展”的理念，下定壮士断腕的决心，拿出久久为功的举措，真正把绿水青山变成金山银山，展现新时代乡村“最靓颜值”，做到人与自然和谐共生。

其五，让治理强起来是重要支撑。“强起来”呼唤善治，需要善治。马庄村实践表明，整合各方面资源，凝聚各方面力量，开辟各方面渠道，加强和创新社会治理，形成自治、法治、德治紧密结合治理体系，打造共建、共治、共享社会治理格局，是强起来的根本途径，更是维护社会和谐稳定，促进社会公平正义、人的全面发展和全体人民共同富裕的必然选择。

参考资料：

1. 江苏省政府研究室调研组 . 以人民为中心的强村典范——徐州市马庄村的创新实践与启示［J］. 红旗文稿，2018（2）.

2. 杜洁芳 . 江苏徐州马庄村：用文化之笔描绘幸福画卷［Z/OL］.“文旅中国”客户端，2020-07-08.

案例 4

贵州省遵义市枫香镇花茂村：“乡愁经济”让村庄“花繁叶茂”

近年来，花茂村抢抓“四在农家·美丽乡村”创建的机遇，全力改善基础设施，深度挖掘红色文化、乡村农耕文化等资源，因地制宜发展乡村旅游，大力发展“乡愁经济”，带动农户吃上了“旅游饭”。同时，大力发展现代高效特色农业，实施“一地生四金”农户利益联结机制，带动村民就近就业增收。环境美了，旅游火了，农业旺了，花茂村迎来了山乡巨变，成功实现脱贫。

一、发展概况

花茂村位于贵州省遵义市播州区枫香镇之东北部，原名荒茅田，全村总面积 9.8 平方千米，2012 年以前是一个典型的“出行难、饮水难、村民增收难”的贫困村。近年来，该村统筹推进精准扶贫，实现了田园风光、红色文化、陶艺文化与产业发展有机融合。如今的花茂村，“农业 + 旅游业”的发展势头正好，村寨更亮丽，游客更多了，产业更兴旺。2019 年已接待游客 180 万人次，旅游综合收入 6 亿元。村民人均可支配收入从 2014 年的 10948 元增加到 2019 年的 18556 元，贫困发生率在 2014 年为 7.9%，到 2019 年已降为零。

二、主要做法

（一）改善人居环境，打造景区式村庄

直到 2012 年之前，花茂村还是一个“出行难、饮水难、看病就医难、农田灌溉难、村民增收难”的典型贫困村庄。改善基础设施是当时村民们呼声最高的诉求，也是一切发展的基础。

2014 年，花茂村被列为“四在农家·美丽乡村”（“四在农家”内涵：“富在农家增收入、学在农家长智慧、乐在农家爽精神、美在农家展新貌”）升级版创建试点。村里请了专业的旅游规划师，泥土路变成水泥路，老房子变成黔

北民居小楼，连片的农田与青山远目相接，木栈道与花坛相映成趣，村容村貌焕然一新。花茂村还通过"一事一议"财政奖补政策，累计投入整合资金 3 亿元，全面改善了村里的水、电、路、信、气、污水垃圾处理等基础设施，建成陶艺文化创意一条街、游客服务中心，核心区域还实现了免费 Wi-Fi 和"天网工程"全覆盖。如今，村里改水、改厕、改灶、改圈工作都已完成，全村累计新建改建黔北民居 1000 余栋，串户路硬化率达 100%，安装太阳能路灯 300 余盏，新建人工湿地生态污水处理池 4 个，种植绿化树木 2500 余亩，治理生态景观河道 8.8 千米。花茂村还实行垃圾"村收集、镇转运、区处理"方式，全村垃圾无害化处理率达 100%。

花茂村村貌①

现在，柏油马路贯通全村，路旁是一栋栋小青瓦、白粉墙的黔北民居，家家户户的院子相通，还种上了五颜六色的花卉，游人可以随意穿梭其中。水泥路修到了家门口、小土房变成了两层小楼，很多在外打工的人回到村里都赞叹花茂村"旧貌变新颜"。

（二）挖掘文化资源，发展"乡愁经济"

2015 年 6 月 16 日，习近平总书记在花茂村考察，对这里的发展给予高度评价，说怪不得大家都来，在这里找到乡愁了。花茂村的乡愁在哪里？就在石板路旁五彩斑斓的小花里，就在农家小院中果实累累的桃树上，就在体验馆里

---

① 图片来源：中国文明网 2018-03-21，网友刘璐摄。

制作土陶的泥巴里。

2014年以来，花茂村在全力改善基础设施的同时，因地制宜发展乡村旅游。花茂村以“经营乡村”为理念，大力发展“乡愁经济”，山中有田、田中有院，融山水、田园为一体。环境好了，村子美了，游客多了，村里顺势成立旅游公司，带动村民发展乡村旅游与特色文化产业。如今红色游、田园游、智慧游粗具规模，花茂村依托青山绿水走出一条属于自己的“花路”。

花茂村“红色之家”①

一是激活红色记忆，开办农家乐。花茂村和苟坝村是当年红军长征途经之地，当年红军在花茂村停留住宿，并在苟坝村召开了“苟坝会议”。“红色之家”农家乐在花茂村的规模并不算大，但却是花茂村第一家开起来的农家乐，也是红军停留过的地方，很有代表性。因为临近苟坝会议的会址，花茂村村民王治强将农家乐取名为“红色之家”，希望记住历史，也寄希望于生活从此转折。近5年来，王治强家的农家乐每年的收入超过100万元，还吸纳了15名村民就业。如今，花茂村已开了10余家农家乐，20余家民宿旅馆。

二是传承非遗文化，打造陶艺一条街。花茂陶瓷业始于清代光绪年间，距今已有140年的历史，由于工艺传统，现已成功申报为市级非物质文化遗产。花茂村中至今仍保留着明末清初的一家陶艺作坊，是一个活生生的历史博物馆，堪称人文景观之一绝。为让文化遗产活起来，2014年花茂村以遵义县

① 图片来源：中国文明网2018-03-21，网友刘璐摄。

（今播州区）建造"花茂—苟坝'四在农家·美丽乡村'"市级精品示范带为契机，整体依托花茂制陶产业基础，进一步挖掘、提炼陶艺文化，在花茂村白泥组打造了一条集旅游休闲、陶艺展示为一体的陶艺一条街。该街主要分为陶艺文化创意街区、陶艺小品创意带、陶艺展示区三个区域。在这里旅游，不仅能体验到土陶艺术品带来的视觉冲击，还可以亲自动手，带一件自己制作的土陶制品回去。如今，这里的陶艺产品已经不局限于传统的生活用品，开始向艺术品领域拓展。

省级非遗传承人母先才在制作陶器①

三是动员返乡创业人员，开发文化创意产品。为提升游客的旅游体验，2016 年，花茂村村支两委还动员返乡创业人员发展文创产品。花茂古法造纸工坊——"花茂人家"便是其中的代表。古法造纸手艺是非物质文化遗产，"花茂人家"通过创新让它跟现代人的生活方式和消费价值更加紧密地联系起来，把古法造纸融入艺术创新的理念，做成花茂村的旅游商品，拉近了 1000 多年以前的古法造纸工艺和游客间的距离。一方面，游客喜欢这种真花真叶的古纸艺术；另一方面，也给花茂村增添了一些特有的艺术气息。经过 3 年的投入，花茂人家文创公司从 2019 年开始盈利。店主说，他们在花茂村做的这一系列的工作，就是为了更好地守住乡愁，吸引全国各地乃至全世界的朋友们到花茂村来感受乡愁、寻找乡愁。此外，花茂村还吸引了外来商户落地。有来自湖北

① 图片来源：中国文明网 2018-03-21，网友刘璐摄。

武汉的客商在花茂村开店经营辣椒盆栽，一个多月就收入逾 10 万元。

（三）大力发展现代农业，带动村民一起致富

花茂村人认识到，要实现普遍脱贫，除了发展乡村旅游，还必须向土地要收益，大力发展现代高效农业，让大多数农民持续稳定增收。一是大力发展现代高效特色农业。发展的路上，花茂村从未停下农业发展。2015 年以来，花茂村大力发展现代高效特色农业，建起了智能温室、生态餐厅和生产大棚等设施。目前，共发展蔬菜产业规模化、标准化种植 1800 亩，土地平均亩产值高达 3.1 万元，带动 800 人就近就业增收。“村社合一”的路径在花茂村逐步完善，依托山东九丰农业集团，创建绿动九丰、红枫圣源等 5 家农业专业合作社，采取“村党组织 + 合作社 + 农户”的方式，推广“稻菜轮作”“稻菌轮作”等水旱轮作方式，发展立体生态循环种养，实现“一地多用、一年多季、一季多收”。比如，村里的枫香九丰蔬菜现代高效农业园区，打造核心蔬菜基地 300 亩、露地蔬菜示范基地 3000 亩，带动周边乡镇种植露地蔬菜 2 万余亩。再如，花茂村通过遵义绿动九丰蔬菜种植专业合作社，建起核心蔬菜基地 550 亩，直接带动 180 余人稳定就业，每年发放工资 250 万元。另外，村里还新增 10 多家专业合作社，发展草莓、提子、石榴等经果林，以及林下养殖乌骨鸡等。二是“一地四金”保障农户普遍实现持续稳定增收。“一地生四金，村民得实惠”是花茂村脱贫攻坚发生巨变的重要举措。合作社有了，如何发挥村民的积极性？花茂村的秘诀是农户的利益联结机制——“一地生四金”（土地流转得租金、就近务工得薪金、入股村经济合作社得股金、反租倒包得资金）模式，另外还建立了利润返还、股比分红、收益分红等多形式利益联结机制。通过这种机制，引导农民将土地经营权、林权、劳务等入股到经营主体，让农民成为产业发展的参与者、受益者，建立利益共享、风险共担的利益共同体。这样，农民在村里干活，顾得上家，也赚得到钱。

三、经验启示

“为中国人民谋幸福”，这是共产党人的初心。党的十九大郑重宣布“让贫困人口和贫困地区同全国一道进入全面小康社会是我们党的庄严承诺”。习近平总书记在《摆脱贫困》一书中指出，他的决策依据来自泥土，扶贫开发贵在精准，重在精准，成败之举在于精准。纵观过去数十年，中国的扶贫有过成功，也吞过苦果。在实践中，有一些村庄多了企业厂房却没了青山绿水，富了钱袋却失了乡愁，急功近利的发展方式，对某些地方环境的破坏甚至是毁灭性的。新时代的脱贫攻坚战不能再走这样的老路。

花茂村是脱贫攻坚的一个小小的"中国样本"。脱贫完全可以不必脱去"乡愁"，富裕起来的农民，有底气坚守传统文化、传统技艺甚至是传统道德。作为"乡愁"的重要载体，地方乡土文化的挖掘利用是乡村振兴的重要内容。从花茂村这个脱贫样本可以看出，对贫困的聚而歼之，不但是中国现代化进程上具有里程碑意义的巨大成就，也是重拾乡愁、重塑中国乡土文明的重要契机。

参考资料：

1. 石小杰，胡琢琰 ."乡愁经济"让花茂村"花繁叶茂"［EB/OL］. 中国新闻网，2018-07-18.

2. 简久兵，杨洋 . 花茂村这五年：打造乡村特色文化 留住记忆守望乡愁［EB/OL］. 遵义文明网，2020-05-10.

3. 童其君 . 花茂村"一地生四金"脱贫模式值得借鉴［EB/OL］. 腾讯网，2020-07-15.

案例 5

陕西省延安市延川县梁家河村：深挖资源，旅游助推乡村振兴

近年来，梁家河村主动迎合大众旅游时代的趋势，依靠 20 世纪六七十年代保留下来的知青院、知青淤地坝、陕西第一口沼气池等知青文化资源，借助国家扶持贫困地区发展乡村旅游的机遇，大力发展旅游业，成为乡村旅游促进乡村振兴的示范。

一、发展概况

梁家河村是习近平总书记曾经插队 7 年的地方，在这里，他和村民们一起艰苦奋斗、攻坚克难，结下了血浓于水的乡情，留下了宝贵的精神财富。梁家河村所在的延川县是革命老区延安市最后的三个贫困县之一。长期以来，由于土地贫瘠、水源缺乏、交通不便等原因，经济社会发展无法找到突破口。中国特色社会主义进入了新时代，人民的生活水平普遍提升。生活方式的转变，休闲时间的增多，交通通信的发达，让乡村旅游成为一个大众化潮流。在这个大背景下，习近平总书记在梁家河村插队 7 年创业干事的动人故事，成为梁家河村发展旅游业的绝好资源。

习近平总书记一直以来都关心着梁家河村的发展，2015 年 2 月 13 日，农历乙未年春节前夕，他回梁家河村看望了父老乡亲。时任梁家河村党支部书记石春阳后来讲述说："习近平总书记提出了发展乡村旅游的富民思路，为梁家河村的发展指明了方向。村上两委会班子多次召集村民开会，确定了紧紧抓住丰富的自然资源和知青文化资源，大力发展乡村旅游的发展思路。"2015 年 5 月，梁家河村村民在延安市委、市政府的指导下，抢抓机遇注册了梁家河村旅游公司，整合村组，构建大梁家河村，共享发展资源，汇集全村之力推动旅游产业发展，取得了显著的成绩。在梁家河村经济社会发生巨变的过程中，旅游业发挥着主导作用。梁家河村是新时期革命老区通过发展旅游业实现脱贫致

富、乡村振兴的典型代表，是中国美丽乡村建设和社会主义新农村建设的鲜活样本，是新时期中国社会发展进步的一个缩影。

陕西省第一口沼气池[①]

二、主要做法

目前，梁家河村已然形成了以创建美丽乡村示范基地、党员干部党性教育基地、青少年三观教育基地、大学生研学基地为特色的教育研学带动式产业发展模式，并积极拓展产业链条，创新管理模式，逐步形成了集拓展训练、知青生活感悟、农业农村生产生活体验、农家特色餐饮品味、梁家河小杂粮和梁家河纪念品购买为一体的发展路径。2017 年寻找中国最美乡村推介活动中，梁家河村获评“中国最美乡村”，乡村旅游发展取得实效。其主要有以下经验做法。

（一）科学谋划发展蓝图

发展乡村旅游，梁家河村村委会领导班子没有“拍脑袋决定”，而是通过联合陕西旅游集团的专业团队，将乡村旅游开发与扶贫相结合，进行系统规划。在不断提升村庄旅游服务功能的同时，继续在延伸产业链上下功夫，既注重横向创新，也注重纵向延伸，形成了种、养、加相结合，吃、购、玩于一体

① 图片来源：中央文化和旅游管理干部学院段俊杰 2017 年 5 月 17 日摄。

的产业发展新模式。

在梁家河村旅游发展走上快车道后，村两委又制订了“一心三区一带”支部引领发展规划。“一心三区一带”是指以乡村（知青）文化保护为核心，打造以现代休闲观光农业与田园综合体为一体的综合示范区、党员干部党性教育与青少年“三观”教育培训（励志筑梦实践）区、生态（清洁）小流域综合治理示范区，建设全域旅游（乡村旅游）重要景区带。通过现代农业采摘游带动产业型经济，通过美丽乡村体验带动服务型经济，通过文化传承、研学游带动培训型经济，切实推进生态宜居和产业兴旺。

梁家河知青旧址[①]

为保障发展规划能够落地，梁家河村首先实施了退耕还林、村庄亮化、绿化工程，村容村貌大大改善。在村主干道两旁栽植了刺柏、河北杨共 4000 多株，河道两侧和农户院前种草 4000 平方米，安装太阳能路灯 127 盏，对全村 166 孔窑洞、70 间平房实施了改造、整修，改造 64 座厕所，新修停车场 3 处、旅游厕所 4 座，开发知青文化景点 6 处，旅游基础设施已经基本配套。

下一步，梁家河还准备邀请专业旅游设计团队进一步深入挖掘、整合全村体验性旅游资源，进行精心设计打造，形成一个科学规范、引人入胜的系列体

① 图片来源：中央文化和旅游管理干部学院段俊杰 2017 年 5 月 17 日摄。

验项目。如围绕知青窑洞参观、重走劳动山路、果园采摘、山峁鸟瞰、农田劳作、农家饭烹饪、窑洞观星等项目形成一个套餐式旅游产品。

（二）深入挖掘文化资源

数据显示，梁家河村 2017 年游客接待量突破 100 万人次，旅游综合收入达到 2000 多万元。梁家河村人均年纯收入由 2015 年的 1.52 万元增长到 2017 年的 2.08 万元，较 2014 年翻了近一番。2018 年，梁家河村村民的收入再创新高，在决胜全面小康的路上绘出了精彩的一页。梁家河红枣、梁家河石磨小米、梁家河酒、梁家河苹果已经成为畅销品牌，在品味文化、“互联网 +”的时代，“梁家河制造”也披上了文化的衣衫，插上了互联网的翅膀，源源不断销往全国。梁家河由贫到富，成功摘掉了“贫困帽”。

在梁家河搞乡村旅游，核心资源就是知青文化，真正要考虑的就是如何保护和利用这些资源。梁家河紧紧抓住宝贵的知青文化资源，把陕北文化、知青文化进行充分的展示。依靠保留下来的知青旧居、知青淤地坝、陕西第一口沼气池等知青文化资源，借助国家扶持贫困地区发展乡村旅游的机遇，相继建设了村史馆、知青文化体验园、苹果采摘园、窑洞酒店、农家乐等一系列项目。

梁家河搞好知青纪念园、知青纪念碑、知青劳动生活体验园等项目建设，给乡村美景增添农趣，让游客在农村的沟沟峁峁中体会浓厚的乡村气息。走进古老的陕北窑洞，聆听地道的陕北方言，感受纯朴热情的待客方式，品尝陕北特色农家美食，参与体会陕北剪纸、布堆画、大秧歌表演等活动。

在梁家河民间世代传承的传统技艺等非物质文化遗产资源也被激活。梁家河打谷场上，村民用驴拉磨，黄澄澄的小米现碾现卖，成了梁家河村的一道独特风景。陕北特色小吃炉馍成了梁家河小吃名品。原本复建用来参观的铁业社，也成了赚钱的好营生，老铁匠由过去给农民打农具转为给市民打造养花工具，一年可以赚到四五万元。习近平总书记住过的 1 号院房东老大娘的老布鞋和手工绣花鞋垫，也成了游客们的抢手货。下一步，梁家河村还将加强对陕北地区乡村元素的挖掘。

梁家河村委会院内陈列的习近平总书记语录①

（三）家家户户共享发展成果

在当前乡村旅游发展中，存在着许多城市资本进入乡村，原住民被边缘化的现象。由于原住民参与程度低，即使乡村旅游项目取得了成功，也是城市资本的成功，当地居民没有获得旅游发展的红利。而梁家河在发展乡村旅游的过程中，始终坚持让当地居民广泛参与。2015 年 5 月，梁家河村成立了乡村文化旅游发展有限公司，400 多户村民几乎每一户都有一个人在旅游公司上班，经过培训走上不同的岗位。家家都能参与到乡村旅游项目中来，户户共享发展成果，主要有以下两方面的经验。

一是盘活劳力激发热情。随着游客的增多，梁家河也掀起了一波“返乡潮”。过去因为贫穷而离乡打工的村民，现在大部分已经返乡创业，旅游成为最主要的就业渠道。回乡就业的村民表示，他们的心不再漂泊了，有了着落，找到了根。2015 年春节过后，八成左右的在外务工青年重返梁家河，“建设美丽乡村”。有见识的办起了农家乐，有技术的成了电瓶车驾驶员，一个个都在家门口找到了工作，干起了事业，热情高涨。通过开发乡村旅游产业，村里原本闲散的留守老人、留守妇女重新回归工作岗位，并且通过技能培训，从低

① 图片来源：中央文化和旅游管理干部学院段俊杰 2017 年 5 月 17 日摄。

质、低价的劳动力变成高质、高价的劳动力。

二是整合闲置土地住房。为了能将村里的闲置土地和窑洞利用起来，旅游公司通过土地和房窑等资产入股、政府项目投资、公司整体打包经营的方式，对窑洞资产进行规范化经营。2016 年 3 月和 2017 年 5 月，梁家河村 32 个院子的 107 孔窑洞以资产入股的形式，全部交由旅游公司改造经营。村民不仅可以从旅游公司拿到每孔窑洞每年 3000 元的固定租金，还可以按人口股参与公司利润分红。通过这种“资源变资产、资金变股金、农民变股东”的方式，越来越多的梁家河人在旅游业的带动下摘掉了贫困帽子。

三、经验启示

一方面，精准定位市场。旅游助力乡村振兴没有固定模式，不存在放之四海而皆准的产品模式和产业模式。梁家河的成功，很大程度上在于其市场定位准确清晰，以知青文化、红色文化、陕北民俗为核心精准定位市场。梁家河这种结合旅游资源、旅游市场打造旅游产品的方式，是值得借鉴和学习的。

另一方面，深挖地方文化资源。梁家河的核心文化资源是知青文化，尤其是习近平总书记在此插队期间的知青文化资源，对旅游市场具有独特的吸引力。梁家河深挖文化资源，依靠保留下来的知青旧居、知青淤地坝、陕西第一口沼气池等知青文化资源，相继建设了村史馆、知青文化体验园、苹果采摘园、窑洞酒店、农家乐等一系列项目。

2019 年，随着“不忘初心、牢记使命”主题教育的开展，更多的党员干部和游客来到梁家河寻找初心，追寻总书记在梁家河艰苦磨砺、创业干事、为民服务的足迹。这对梁家河的接待能力和服务水平也提出了新挑战。目前，梁家河的旅游业还停留在看看旧址、吃吃土菜的层面，住在村里进行深度体验的游客还只是来自零星的培训班，并没有形成规模化、成为常态化。因此，如何进一步深挖梁家河潜在的旅游资源，提供深度体验性服务，推动梁家河村旅游产业实现高质量发展，是需要进一步研究的课题。

参考资料：

1. 何磊 . 梁家河：一个搭上旅游业快车的小山村［J］. 中国发展观察 2019（12）.

2. 江楚雅 . 梁家河三大变迁展新颜 成中国乡村振兴发展样本［N］. 长江商报，2019-10-14.

3. 沈啸，张致宁 . 梁家河：旅游促进乡村振兴的新坐标［N］. 中国旅游报，2018-02-08.

4. 成英文 . 梁家河经验的启示［N］. 中国旅游报，2018-02-08.

案例 6

云南省大理市湾桥镇古生村：生态为本，文化为魂，让人们“记得住乡愁”

云南省大理州、市党委和政府紧紧围绕把古生村建设成让人“记得住乡愁”的中国最美乡村目标，以生态为本，以文化为魂，以美丽乡村建设为载体，强化环境整治提升和历史文化传承保护，着力建设更加美丽富饶、有传承有记忆的乡村。

一、发展概况

古生村是大理洱海之滨众多白族村庄中的一个自然村落，隶属于大理市湾桥镇中庄村委会，东临洱海，西至大丽路，南与新溪邑村接壤，北靠苍山十八溪之一的阳溪。村庄有 2000 多年历史，沿海而建，从南至北，蜿蜒二里许，村子里民居古朴，街巷整洁，溪水环绕，绿树成荫，村中心的大青树有 300 多年树龄，建于明代的福海寺、凤鸣桥，清代的古戏台、龙王庙等文物古迹至今保存完好，村内古桥、古庙、古树、古戏台，古色古香，到处洋溢着浓浓的历史文脉和乡土气息，一派千年古村的风貌。

古生村 2015 年被列入第三批中国传统村落，2017 年入选“中国美丽乡村百佳范例”，2018 年被确定为大理州乡村振兴试点村，2019 年被列为州级乡村振兴重点试点村，并入选全国乡村振兴典型案例。

二、主要做法

（一）牢记嘱托打好思想之基

“只有村民认可了美丽乡村建设理念并积极参与其中，才能守住青山绿水、留住最美乡愁。”这是古生村党员干部的普遍共识。从“要我干”到“我要干”，把思想宣传教育工作作为美丽乡村建设的“马前卒”，古生村通过召开户长会、村民大会等形式，利用黑板报、广播等宣传方式，把习近平总书记考察云南重要讲话和对大理工作重要指示精神，以及美丽乡村建设理念，宣传到古生村每家每户，提高村民环境保护意识，号召和动员全体村民参与建设，将美丽乡村建设的要求内化于心、外化于行，进一步增强了村民美丽乡村建设的责任感和使命感，充分调动了村民广泛参与美丽乡村建设的积极性。

大理州、市党委、政府突出规划引领，进一步创新保护发展思路，科学编制长远规划。坚持生态优先、环保优先、彰显特色的原则，按照“依托古生现有山水文脉，保持古生自然格局，让居民望得见山、看得见水、记得住乡愁”的规划建设核心理念，编制了期限为 15 年的《古生村美丽乡村建设规划》，高起点制定了《大理市中庄村委会古生村乡村振兴试点工作实施方案》，对乡村振兴建设思路、建设目标、建设内容、建设标准做出了统筹安排，努力把古生村打造成为“美丽乡愁”最美村庄。力争在保护的前提下，防止低水平重复建设，努力把古生村打造成为特色保护型村庄，村庄性质定位为休闲观光农业与乡村旅游胜地——中国最美乡村、让人“记得住乡愁”的中国美丽乡村典范。

同时，按照创建美丽乡村示范村“八有”的要求，精心编制实施方案。通过实施村容环境综合整治工程、传统村落保护工程、完善基础设施工程、省级民族特色旅游示范村创建、产业发展富民工程、村民自治综合改革试点“六大工程”，力争把古生村建成洱海之滨生态环保优先、白族传统文化浓郁、田园风光秀美、古生古色的魅力大理幸福家园。

（二）生态优先守住青山绿水

东临洱海、依湖而建，古生村把保护洱海“母亲湖”作为“留住乡愁”的生命线，以洱海保护治理项目实施为重点，切实加强洱海流域保护网格化管理，深入开展洱海流域环境综合整治，营造优美整洁的村容村貌和人居环境。

该村以洱海保护为统领，抓实生态文明建设，全力实施截污治污减污工程，建设环湖截污工程管网 11 千米，新建化粪池 367 座，全村农户实现四水全收，全村截污治污闭合运行；大力开展入湖河道治理，设立五级河长制，通过实施阳溪综合治理，完成河道核心区 106 亩土地流转，治理入湖沟渠 3.2 千米，入湖水质稳步提升；常态化开展“三清洁”活动，稳步开展生态修复，紧盯“三线”划定拆迁，恢复新建湿地 3000 平方米，通过 4 年多的努力，古生村水更净了、洱海更美了。

空中俯瞰古生村[①]

在实施一项项环保工程的同时，古生村健全环保机制，建立镇、村、组、党员（村民代表）、农户五级洱海保护网格化管理责任制，认真落实“门前四包”责任制，加大保洁投入，合理划分责任区，建立覆盖村内河道、主干道、滩地的定人、定时、定点保洁制度，垃圾收集清运形成了“户保洁、村收集、镇清运”的常态化长效机制。同时，通过入湖沟渠多塘系统沉淀池和拦污闸建设，有效净化农田尾水，并定时对所有入湖沟渠进行彻底清淤，对洱海岸线和湖滨带定人定责全天候保洁，确保垃圾不入湖。

长期以来，古生村人多地少，主要产业为水稻、烤烟、大蒜和常规蔬菜种植。为控制农业面源污染，古生村围绕打造生态高效农业品牌，在巩固提升湾桥大米、烤烟、生态蔬菜种植等传统产业基础上，调整产业结构，种植生态大米，全面推广使用精制有机肥，积极开展古生村绿色食品基地认证工作，扎实开展绿色生态农业生产技术培训，推广绿色防控技术措施，要求农户严格按照绿色产品操作规程进行田间管理，帮助村民转变发展方式和生产业态。

（三）传承特色留住乡愁之根

古生村将古村风貌保护整治作为美丽乡村建设的重点，完善传统村落保护管理办法，加大“古院、古物、古树”保护力度，保留古生村千年古村的白族村落风貌和历史文脉。

① 图片来源：新华网客户端，新华社记者胡超 2017 年 9 月 11 日摄。

一是修旧如旧，保持古村风貌。制定《古生村保护管理办法》，对村内传统民居进行摸底调查、分类保护，对有300多年树龄的大青树和建于明清时代的福海寺、凤鸣桥、龙王庙等文物古迹进行重点保护，对7户有较厚重历史和民族文化底蕴的白族民居古院落进行挂牌保护。

二是突出民族特色，开展建筑风格整治。突出白族民居特色，按照保护古建、改造已建、引导在建、控制未建、拆除乱建的原则，根据海西农田保护和村庄规划建设管理的要求，对所有在建建筑进行全面清理，坚决制止违规建设行为；严把村民建房规划选址，严控新建筑物布局和建筑风格；严守耕地红线，保护田园风光。

三是重视对民族文化的挖掘传承。加大人文景观完整性保护力度，深度挖掘千年古村悠久历史文化和民间民族文化资源，充分展示传统白族特色，依托古生山水文脉，保护古生自然风貌，让人望得见山、看得见水、记得住乡愁。

（四）改善民生提升人居环境

建设美丽乡村，就是让农民在“吃好”“穿好”的基础上，过上环境整洁、内心愉悦、与自然融洽相处的更高品质生活。古生村按照“服务群众、群众自愿、群众认可、群众得实惠”的目标，千方百计完善村内基础设施、提升旅游景观。村中心广场、老年活动中心、菜场、村口牌坊、仿古路灯相继建成，三网改造提升、村内绿化、龙王庙周边环境整治、湿地公园建设、建筑风格整治等工程大大提升了古生村的基础设施水平。古生村同时加快文化教育卫生设施建设，在村内安装健身器材和广播设备，规划建设村民议事中心、幼儿园、卫生室、文化室、村史馆等公益设施，使全村人居环境和文化内涵进一步提升，营造了优美和谐、充满文化气息和民族特色的人居环境。

此外，通过实施村内道路基础设施、文化娱乐活动场所建设，配套完善乡村旅游标识、线路、停车场、旅游公厕等旅游接待设施，古生村已初步成为一个具有较强旅游开发潜力的美丽乡村。特别是习近平总书记到古生村考察后，古生村传统民居民俗、古村镇古院落、乡村休闲旅游等资源不断完善提升，古生民族特色旅游村景点景区的品牌影响力日渐扩大，吸引了大批省内外游客到此参观旅游度假，古生村也成为大理环洱海生态休闲和民俗体验旅游度假的新亮点。

除了打造整洁亮丽的村容村貌，古生村还在提升村民生活品质上下功夫。

加大社会保障力度，加强治安综合治理，科学疏导节假日交通，让村民共享村落保护的实惠、发展的效益，呈现出可持续发展的良性局面。

（五）强化自治和睦乡风民情

通过强化“美丽古生是我家，建设保护靠大家”的观念，古生村充分调动村民参与村庄建设管理的积极性，促进村民自治规范化、制度化，营造健康的自然环境、亲善的人际关系，建设让居民保有乡恋之情的温馨村庄。

一是发挥党员带动力。深入推进服务型基层党组织建设，带头缴纳垃圾清运费、带头落实“门前四包”责任，并对联系户进行监督引导和宣传发动，让全体村民自觉参与到古生村环境卫生保洁和发展建设中来。

二是调动村民自治力。建立健全古生村村规民约、村民理事会选举办法和章程、村民代表会议制度等规章制度，成立古生村保护建设管理促进会和古生自然村村民理事会，由有威望、能力强的党员和热心村务、熟悉村情、有责任心的村民共同组成促进会和理事会，带动全体村民对环境卫生、建筑风格、建筑秩序和村内婚丧嫁娶等进行自我管理和监督。

三是提高村民向心力。组织年轻、有文化的党员成立党员义务宣传服务队，提高村民环保意识，督促村容环境整治长效机制实施。建立党员轮流值班制度，第一时间为群众解决困难和问题。从而激发了村民保护生态、保护洱海、保护古生村传统风貌的积极性。

三、经验启示

一方面，要留得住绿水青山。留得住青山绿水就是要保持良好的生态环境，记得住乡愁要求尽可能保留乡愁古民居和保持乡村传统建筑特色，传承发展淳朴乡风和优良传统道德。古生村干部群众牢牢记住了总书记“一定要保护好洱海”的嘱托，并一步步地落实到行动上。当人们站在洱海边，看着洱海清澈的湖水，“绿水青山就是金山银山”的名言在耳边回响，发展生产，爱护环境，保护与发展相结合，古生村村民真正做到了让家乡更美，造福子孙后代。

另一方面，乡愁记忆和乡风文明融合推进。古生村悠久的历史文化和乡风文明是“记得住乡愁”的重要元素。古生村把历史文化和民族文化作为乡愁记忆，充分融入村规民约、民风民俗、生态保护、培育文明等方方面面，使乡愁文化与乡风文明相得益彰，世代传承。

参考资料：

1. 赵璐 . 大理古生村生态保护与文化传承相结合 建设美丽乡村［N/OL］. 大理时讯数字报，2016-10-28.

2. 周应良 . 大理市古生村：打造“美丽乡愁”最美村庄［N］. 大理日报，2019-08-19.

第二篇

文化遗产

西安城墙[①]

① 图片来源：西安城墙官方网站。

案例 7

山西省大同市云冈石窟：加大保护力度，深挖历史内涵，提升景区服务质量

作为中国佛教艺术的巅峰之作，云冈石窟始终坚持保护第一，不断加大文物保护力度，并本着“科学保护、永续利用”的原则，在保护的基础上加强研究和适度开发利用。通过深挖景区文化历史内涵，进一步完善景区基础设施建设，强化管理服务水平，全面推进云冈可持续健康发展，为保护和利用好世界文化遗产提供了经验参考。

一、发展概况

云冈石窟位于大同城西 16 千米处的武周山麓，创建于 5 世纪中期，距今已有 1500 多年的历史。云冈石窟雕刻在我国三大石窟中以造像气魄雄伟、内容丰富多彩见称。石窟依山开凿，规模恢宏、气势雄浑，东西绵延约 1 千米，窟区自东而西依自然山势分为东、中、西三区。云冈石窟现存洞窟 53 个，窟龛 254 个，石雕造像 51000 余尊，最大的高 17 米，最小的仅有 2 厘米，雕刻面积达 18000 余平方米，是国内三大石窟群之一。

云冈石窟是佛教艺术东传中国后，第一次由一个民族用一个朝代雕作而成的皇家风范佛教艺术宝库，是 5 世纪中西文化融合的历史丰碑，是集历史价值、艺术价值和科学价值于一体的民族瑰宝和人类遗产。云冈石窟是中原文化与异域风采相结合的产物，同时也是多种文化兼容并蓄的清晰实证。它历史悠久、规模宏大、内容丰富、雕刻精细、品位高雅，堪称 5 世纪雕刻艺术之冠，是了解和研究我国古代社会政治、经济、文化、艺术以至宗教信仰等方面的珍贵资料。作为我国的石窟艺术典型代表之一，它不仅在佛造像艺术方面有其独特的风采，在美学风格方面也有其独特价值。1961 年 3 月，云冈石窟被国务院公布为首批全国重点文物保护单位，2001 年 12 月被联合国教科文组织批准列入《世界文化遗产名录》，2007 年 5 月成为首批国家 5A 级旅游景区。

二、主要做法

云冈石窟在加大保护力度、深挖历史内涵、提升景区服务质量方面，主要采取了如下措施：

（一）始终坚持保护第一的原则，加大保护力度

1500多年来，云冈石窟由于受到风化、水蚀和地震的影响毁损较为严重，中华人民共和国成立前也遭到人为破坏，据不完全统计，被盗往海外的佛头、佛像达1400多个，斧凿遗痕至今犹在。

石窟中的佛像[①]

中华人民共和国成立以来，在党和政府的关怀下云冈石窟进行了多次大规模的维修工程，使古老的艺术宝库得到了妥善保护。1974年年初，由中央、省、市有关部门负责人组成专门机构，组织领导云冈石窟三年大规模的维修工程。这次维修是“抢险加固、排除险情、保持现状、保护文物”。第二次大规模的保护维修是在1992—1997年，云冈石窟编制了《云冈石窟规划》和《云冈石窟保护管理条例》，进行了“八五”维修工程。“八五”维修工程，很好地改善了石窟的保存现状，为后期保护打下坚实基础。1998—1999年，财政

① 图片来源：云冈石窟旅游网。

拨款 2.6 亿元，在距离石窟 1500 米以外，建设一条全长约 30 千米的运输新线，将原有公路开辟为云冈旅游专线，为云冈石窟的保护和大同市旅游业发展创造了良好的条件，也为云冈石窟成功申报世界文化遗产奠定了基础。进入新时代，云冈石窟在原有保护的基础上，探索出了一条数字化研究、保护、开发利用之路，保护维修工作更加系统有效，逐步实现对石窟的科学保护，最大限度保持石窟的真实性和完整性。2018 年 5 月 31 日，重新修订的《云冈石窟保护条例》经山西省第十三届人大常委会第三次会议批准，已于 2020 年 8 月 1 日正式施行，为云冈石窟的保护、利用和管理提供了重要法律遵循。

（二）有序展开云冈石窟的研究，深挖历史文化艺术内涵

一是建立“云冈学”学术研究体系。百年来，中外专家学者从多学科、多角度研究云冈石窟，挖掘云冈石窟的文化内涵，拓展了云冈石窟学术思维，在宣传和弘扬云冈石窟文化，普及云冈石窟知识等方面，起到了积极的作用。其中，2019 年，云冈石窟研究院历时 7 年，编撰完成 20 卷本《云冈石窟全集》。《云冈石窟全集》广泛吸收中外造像艺术精华，兼容并蓄，融会贯通，成为中国早期佛教艺术的集大成者，集中展现了西来像法逐步中国化、世俗化的演进过程，堪称中华佛教艺术发展的里程碑，代表了国内“云冈学”研究的最高水平，标志着“云冈学”的正式确立。

二是挖掘云冈石窟所承载的文化、艺术、历史内涵和价值。文化融合是铸就灿烂文化的核心因素。云冈石窟凝聚了我国古代劳动人民的血汗和智慧，成为中国宗教史和艺术史上的辉煌巨作。云冈石窟造像不仅是宗教文化的表达，而且是民族文化交融的承载。云冈石窟文献以文字、图片解说等形式系统地、全面地为大众展示了云冈石窟的魅力，是对云冈石窟文化、艺术、历史、影响等方面的总结，是古代中外文化交流的结晶，弘扬了中华民族优秀的文化传统，是全人类共同拥有的历史文明。为加强云冈石窟的保护研究与国际交流，挖掘云冈石窟所承载的文化、艺术、历史内涵和价值，云冈石窟研究院将与日本东京艺术大学联合，召开云冈佛像修复技术论坛。在国内外举办“云冈艺术大展”，使云冈艺术迈出国门、走向世界。这不但是我们今天了解和研究我国古代社会政治、经济、文化及宗教信仰等方面的重要形象资料，也是追溯古代中西文化交流和友好往来的实物例证。

同时，为做好丝路文化的传承与发展，云冈石窟研究院还将规划建设“云冈峪历史文化长廊”，整合沿线35处文化遗存，做好保护和展示开放工作，适度分流云冈石窟参观游客，缓解云冈石窟参观压力，努力实现与右玉西口文化和内蒙古昭君文化的有机衔接；加强云冈装饰图案和魏碑书法研究，努力打造大同特色形象和文化产品。

云冈石窟石刻①

三是深入研究雕造技艺的独特价值。云冈石窟的造像气势宏伟，内容丰富多彩。大同云冈石窟、洛阳龙门石窟、敦煌千佛洞、天水麦积崖、巩义石窟寺、响堂山石窟、永靖炳灵寺石窟等，均为北魏时期石窟造像的经典之作。大同云冈石窟当数北魏石窟造像艺术皇冠上的璀璨宝石，被誉为中国古代雕刻艺术的宝库，并与印度阿旃陀石窟、阿富汗巴米扬石窟，被称为世界三大石雕艺术宝库。按照开凿的时间可分为早、中、晚三期，不同时期的石窟造像风格也各有特色。早期的“昙曜五窟”气势磅礴，具有浑厚、淳朴的西域情调。中期石窟则以精雕细琢，装饰华丽著称于世，显示出复杂多变、富丽堂皇的北魏时期艺术风格。晚期窟室规模虽小，但人物形象清瘦俊美、比例适中，是中国北方石窟艺术的榜样，具有不可磨灭的历史价值。②

石窟群中，有神态各异、栩栩如生的各种宗教人物形象，如佛、菩萨、弟

① 图片来源：云冈石窟旅游网。
② 云冈石窟［J］. 区域治理，2019（25）.

子和护法诸天；有风格古朴、形制多样的仿木构建筑物；有主题突出、刀法娴熟的佛传故事浮雕；有构图繁复、典雅精致的装饰纹样等。在雕造技艺上，继承和发展了我国秦汉时代雕刻艺术的优秀传统，又吸取和融合了犍陀罗艺术的有益成分，创造出一种具有独特风格的艺术精品，在我国雕塑史上留下了重要的一页，成为我国古代劳动人民创造的伟大艺术成果。云冈石窟保留的衣冠服饰、建筑形制、音乐舞蹈、装饰纹样等形象，为研究我国古代文化艺术提供了丰富的实物资料。

（三）提升景区服务质量，打造国内外高质量发展的旅游胜地

云冈石窟具有得天独厚的自然景观和文化内核，云冈石窟如今已经成为国内外重要的旅游场所，是国内、国际友人所向往的旅游胜地。发展云冈石窟旅游有利于推动大同经济多元化发展，对于大同经济、文化发展具有重要意义。自 2009 年开始，云冈大景区全面展开建设，拆建周边一镇六村；新建游客中心、昙曜广场、礼佛大道、帝后礼佛群雕、灵岩寺、云冈博物馆、演艺中心、食货街、云冈石窟研究院等 17 处建筑，总建筑面积 5 万多平方米；十里河云冈段河坝加固储水等一系列动作，让云冈新景区面积较原来扩大 10 倍，使云冈石窟真正成为一个旅游环境优美、文化气息浓厚、服务设施齐全的大型景区。

外部环境整治只是提升云冈景区服务质量的一部分，真正核心的保护是对文物本身的修复保护，满足游客更高、多方面的需求。“五华洞”是云冈石窟第 9 至 13 窟的俗称，因清代重施彩绘，异常华丽而得名。多年来，由于受雨水冲蚀、阳光辐射和粉尘污染等影响，“五华洞”列柱剥落，壁画酥碱脱落，是云冈石窟“病害”最严重和集中的区域。2012 年 6 月一举解除了困扰其多年的严重“病情”。如今再到云冈，游客不仅能近距离观赏洞窟内“乘象菩萨”“飞天托莲”等造像，更因修复后设置的灯光、观赏角度而显得更加精美。

从 2003 年起，云冈石窟研究院与多家科研院校合作，开始尝试三维激光扫描技术的应用。通过三维激光扫描技术，生成洞窟中各个方向的剖面图，使洞窟得以多角度展示，为云冈石窟建起了三维的“数字档案”。云冈石窟研究院还利用 3D 打印技术成功复制石窟原型。打印出的第 13 窟七立佛造像在第八届“中国博物馆及相关产品与技术博览会”上赢得满堂喝彩，让参观者不仅能看到完整的石窟形制、精美逼真的造像，甚至连石窟历经千年风化的痕迹都清晰可见。同时，在高清三维数据的支持下，云冈石窟研究院还打造了一套基于 VR 眼镜的沉浸式石窟体验系统。这个系统可以支持最多 15 人，同步在云冈石窟第 18 窟的虚拟场景中进行漫游，游客还可乘坐虚拟的莲花升至空中，欣赏石窟高处的艺术细节①。

2020 年 4 月，全新改版的全景漫游云冈石窟景区正式上线，在做好疫情防控的同时，更好地满足了游客线上游览的需求。与前一版本相比，石窟区新增 20 窟前空中雪景、第 2 窟、碧霞洞等内容，上线大小窟龛 20 处，景区景观 6 处。让游客足不出户就能够跨时空跨地域感受到云冈石窟的每一个景点、每一尊雕像。

三、经验启示

云冈石窟的经验主要是坚定不移把保护放在首位，尽最大努力解决好云冈石窟千百年以来的风化问题，让云冈石窟的学术研究更深入透彻、科学严谨，使中华文化的特色和中外文化交流的历史更好地呈现出来。

具体而言，多年来，文物部门对云冈石窟一直坚持保护第一的原则，精心守护着这座人类文明的瑰宝。进入新时代，云冈石窟在原有保护的基础上，运用数字化等先进技术，保护维修工作更加系统有效，逐步实现对石窟的科学保护，最大限度保持石窟的真实性和完整性。同时，注重深挖云冈文化内涵，在文物、宗教、雕造技艺、考古等方面逐步开展全方位的研究。通过整治外部环境和修复文物等措施提升景区服务质量，使得云冈石窟真正成为一个旅游环境优美、文化气息浓厚、服务设施齐全的大型景区。

参考资料：

1. 云冈石窟［J］. 区域治理，2019（25）.

2. 部分资料整理自：光明网、《光明日报》。

① 李建斌，杨珏. 为历史文脉留下时代印记——山西云冈石窟的传承保护与开发利用之路［N］. 光明日报，2020-05-14（9）.

案例8

云南省腾冲市和顺古镇：文化传承和环境保护“双管齐下”，助力可持续发展

和顺古镇是古代川、滇、缅、印南方陆上“丝绸之路”的必经之地，600多年来，在与边地文化、南亚文化、西方文化交融的过程中，形成了独特的和顺建筑文化、宗祠文化、民俗文化、华侨文化。和顺古镇立足文物和非遗资源保护，保持了一个“活着的古镇”的特色，将文化与旅游有机结合，将乡村振兴与扶贫攻坚有机结合。处理好古镇环境保护与文化传承的关系、当前利益和长远利益的关系、文化和旅游企业和当地居民之间的关系、旅游和文化的关系、旅游企业和党委政府之间的关系，实现了文化传承和环境保护和谐发展，取得了较好的社会效益和经济效益。

一、发展概况

和顺古镇是火山环抱的休闲胜地，面积为17平方千米，是国家级风景名胜区。四面火山环绕，山上名木古树郁郁葱葱。大盈江穿越马蹄窝式的坝子，三合河绕村而过。湿地、龙潭、瀑布、峡谷，各类奇观皆有；茶花、荷花、桂花、梅花，四时鲜花不断，这里四季如春，温泉、矿泉水资源丰富，是人们生活和休闲旅游的胜地。和顺古镇在推动文化和旅游产业与其他产业融合发展、保护古建筑和文物的自然风貌和文化传统、适度开发文化景点和传承“和顺文化”、活化生活文化场景等方面走出了独具特色的“和顺模式”。

二、主要做法

中原文化、西洋文化、南诏文化、边地文化在这里交融碰撞，形成了独特的侨乡文化和马帮文化，使和顺成为云南省四个典型的生态文化村之一。和顺古镇在文化和旅游融合中实现文化传承和环境保护“双管齐下”，助力迈向可持续发展道路，主要做法如下：

（一）推进文化与其他产业的融合发展

和顺的文化发展自古就与经济贸易的发展密不可分。2003 年，为了保护开发和顺古镇，腾冲县（今腾冲市）和顺镇政府吸引社会资本，组建了云南柏联和顺旅游文化发展有限公司。本着“保护风貌、浮现文化、适度配套、和谐发展”原则，投资 9000 多万元改造了镇上的道路、照明等基础设施、文化和旅游配套设施，建设了滇缅抗战博物馆，修复了大批古建筑，组织挖掘整理了和顺洞经古音，扶持了腾冲女子洞经乐团、腾冲皮影与神马艺术展览，恢复了腾冲古法造纸等，形成文化和旅游融合的“和顺模式”。和顺模式是将文化和旅游产业与乡村振兴、扶贫攻坚结合起来，在古镇开发中处理好保护与发展的关系、当前利益和长远利益的关系、企业和原居民之间的关系、旅游和文化的关系、企业和党委政府之间的关系。

和顺古镇第一牌楼——和顺顺和[①]

政府和企业把和谐发展作为和顺文化和旅游开发的出发点与立足点，努力探索古镇的和谐发展路子。如出资扶持村民发展观光农业，使旅游开发与村民增加收入相协调；修建和顺特色小吃一条街及和顺特色小商品一条街，基本上无偿提供给和顺居民经营；帮助村民办起民居旅馆、商铺。和顺村民通过

① 图片来源：2019 年 11 月 8 日《新华每日电讯》草地副刊，郭晓勇摄。

参与文化和旅游产业开始致富，腾冲市的宾馆、运输等服务行业以及其他旅游景点，也因为和顺成为中国第一魅力名镇而大大受益。柏联和顺旅游文化发展有限公司在企业自身发展的同时勇于担当社会责任，普惠和顺群众。不但为补助筑桥修路、四线入地等公共设施投入大笔资金，同时还无偿为全镇农业户口的6000多名居民缴纳了新型农村合作医疗保险的个人承担部分，设立幼儿教育保障金，养老保障金，捐建柏联希望小学，在益群中学设立奖学金、奖教金等，每年出资400余万元慰问贫困户、老党员及贫困学生、重病困难户，让和顺的村民能够幼有所教、病有所医、老有所养。通过贯彻“和谐发展”的发展理念实现了政府、村民、企业、华侨等多方共赢的新局面，取得了令人瞩目的社会效益。

（二）保护古建筑和文物的自然风貌和文化传统，留住美好的田园风光和浓郁的地域文化特色

和顺是西南最大的侨乡，400多年前，这里的村民就开始“走夷方”，出现了云南最早的跨国商贸热潮和很大的家族商号，涌现了翡翠大王、棉纱大王、谷米大王等一批雄商巨贾，商贾们衣锦还乡之后就在和顺修建宅院，出资修建宗祠，在全乡形成了风格各异的八大宗祠。在这里既可以领略到徽派建筑粉墙黛瓦的神韵，也可以寻觅到西方建筑元素，兼具中式、欧式、南亚等多种建筑风格。传统民居多达1000多座，其中明清民居100多幢，被誉为中国古代建筑的活化石。

历经沧桑巨变，和顺人以自己超常的智慧使古建筑和文物奇迹般地保存了下来。为保护好古镇的建筑、生态、民俗风貌，云南柏联和顺旅游文化发展有限公司配合政府对和顺8万多平方米古建筑进行调查研究，对古建筑历史、现状、建筑特色建立电子文档，对于一些古建筑，在充分论证和反复设计的基础上出资修复或恢复，对名木古树组织专家调研。目前，共有被挂牌保护的古民居116户，建于明代的主要闾巷11条，最具汉文化特征和最具人性化的月台20个，建于明清的寺庙7个，建于清、民国的宗祠8个，建于清、民国的洗衣亭7个，被挂牌保护的古树名木112株。

和顺古镇风景如画①

和顺不但保护古镇的建筑、民俗风貌，更充分践行习总书记提出的“绿水青山就是金山银山”的发展理念，科学统筹处理好环境保护与企业发展的关系。作为国家4A级旅游景区，和顺的自然资源也同样宝贵。当地对湿地、火山等资源进行调研，制订科学的保护规划，在党委、政府支持下建立田园风光的保护带，留住和顺的田园风光；在和顺古镇景区开展了一系列水环境治理及景观提升改造工程，如野鸭湖及陷河水环境治理、雨州亭综合治理；在治理水环境治理的基础上，以生态手法打造“水上印象”项目，为游客提供“事农、赏荷、观鸟、荡舟”的田园野趣。山清水秀，垂柳拂堤，绿影婆娑。走进和顺，展现在人们面前的是“远山茫苍苍，近水河悠扬，万家坡坨下，绝胜小苏杭”的一派诗画风光。

和顺古镇以其独特的建筑风格、丰厚的文化底蕴、优美的田园风光开展文化旅游，一跃成为云南著名的旅游胜地，走出了一条可持续发展之路，是云南省重要的文化生态村示范点。

（三）以浮现文化的思路，适度开发文化景点，传承“文化和顺”

和顺自古有崇文尚教的优良传统，明、清两朝，这里出了400多名举人、秀才，是缅甸四朝国师尹蓉、翡翠大王张宝廷、著名哲学家艾思奇的故乡。在

① 图片来源：2019年11月8日《新华每日电讯》草地副刊，新华社记者蔺以光摄。

古镇的保护与开发中，和顺遵循文化和旅游融合的发展理念，以文化为灵魂精心开发了一批文化景点。艾思奇故居、和顺图书馆、滇缅抗战博物馆和以弯楼子、刘家大院等为代表的中西合璧式古民居都是旅游者的打卡目的地。

艾思奇原名李生萱，是中国著名的马克思主义哲学家、教育家和革命家，被人们亲切地称为“人民的哲学家”。艾思奇故居前临元龙幽潭，后枕凤山，始建于民国八年（1919年），由香港人设计，系中西合璧式砖木结构四合院楼房，高屋大院，串楼通栏，点缀西式小品阳台。该故居是云南省级重点文物保护单位和爱国主义教育基地。

艾思奇塑像[①]

和顺图书馆为中国最大的乡村图书馆之一，为中国传统的楼房建筑，前置花园，美观素雅，内有胡适、熊庆来、廖承志、李石曾等诸多各界名流、文化大家的题字。其前身是1924年由华侨集资兴办的“阅书报社”，后经海外华侨和乡人捐资赠书，于1928年扩建为图书馆。迄今有藏书7万多册，古籍、珍本1万多册。70多年来，和顺图书馆在传播先进文化、宣传进步思想等方面发挥了积极作用，一直是当地人民劳作之余增长知识、陶冶情操的处所，同时也是周边地区众多有识之士求知问学的重要场所。1994年起，和顺图书馆先后被列为云南省重点文物保护单位、云南省爱国主义教育基地和中国侨联爱

① 图片来源：2019年11月8日《新华每日电讯》草地副刊，郭晓勇摄。

国主义教育基地，2006 年 5 月成为第六批全国重点文物保护单位。

弯楼子民居博物馆是当年的著名国际商号“永茂和”主人家的故宅。因宅楼顺着山势与小巷走向而建，弯弯曲曲，被和顺人称为“弯楼子”。弯楼子充分显示了和顺建筑文化的特点，“和”与“顺”——和谐、融和、随和、和睦以及顺势而建、顺巷而建、顺其自然。如果说和顺是一座民居建筑文化的博物馆，弯楼子就是这座博物馆的代表与缩影。

2005 年，中国第一个民间投资、民间收藏的滇缅抗战博物馆在原中国远征军 20 集团军旧址上建成，浮现了和顺乃至滇西抗战文化。2008 年和顺大马帮博物馆建成，浮现了大马帮文化，再现了当年和顺人“走夷方”的生活与生存方式，展示了滇商、翡翠大王的风采和大量民俗文化，将旅游体验、文化、购物融为一体，使游客对腾越文化有了进一步的了解。2018 年，和顺家风文化长廊建成，成为各级党组织进行“不忘初心、牢记使命”现场教学的课堂。这些文化景点的开发，丰富了“文化和顺”的旅游内容。

（四）活化生活文化场景，创造出现代与传统两相宜的古镇格局

作为旅游景区，食、住、行、游、购、娱要素配套很重要。和顺古镇的商业配套，严格按照规划布局，以和顺文化内涵为指导思想来建设。其中的和顺人家酒楼，即是在腾冲巨商、富滇银行香港分行创始人张木欣图书馆的老宅子基础上建成的。总兵府客栈，也是购买了清末腾越总兵张松林的老宅子建设的。对这些老宅子的异地保护，既使当地文化得以传承，又为商业配套设施赋予了深厚的文化内涵。

和顺八大姓村民世代和睦相处，八大宗祠至今保存完好并发挥着传统功能，每年春秋来自海内外的和顺各姓族人举行两次祭祖仪式并修订族谱的活动仍在延续，和顺宗祠文化这种“和”与“活”的特点得到充分展现。

李家的后人仍然住在弯楼子中，白发苍苍的老人指着门楣上“见义勇为”“济难扶危”等牌匾、英国定制的铁栏杆和铁窗花、缅甸罗汉椅、美国烤炉、德国挂钟和墙上的照片向游客娓娓讲述当年和顺商人走向世界、守护乡里的那些荡气回肠的故事。

和顺有汉、傣、回、傈僳、佤、白、阿昌 7 个世居民族，拥有丰富的非物质文化遗产资源。和顺小巷新增了古法造纸、土锅酒、扯丝糖、打铁、木雕、皮影、织布等非物质文化遗产和有参与性的表演性项目。

和顺古镇通过活化生活文化场景和引入旅游新业态，保持了一个“活着的古镇”，创造出现代与传统两相宜的公共休闲空间，在“传承与消费”互动的文化体验过程中搭建起人民群众与历史文化血脉相接的枢纽。

三、经验启示

和顺将文化和旅游发展与产业发展相结合，充分保护和利用当地文化和自然资源，把传统文化活化到当下的具体生活之中。在处理好古镇开发中环境保护与文化传承发展的关系、当前利益和长远利益的关系、文化和旅游企业与当地居民之间的关系、旅游和文化的关系、文化和旅游企业与党委政府之间的关系等方面，达到了政府、村民、企业、华侨等多方共赢的局面。

和顺古镇的产生与发展是社会、经济、文化、自然等因素影响下的综合反映，蕴含了丰富的自然景观和人文景观，体现了浓郁的地域文化特色。古镇民居的建造形式体现了“天人合一”的中国哲学核心思想，其“耕读文化”村落景观在当今社会文化语境下具有深远意义。和顺古镇的发展始终秉承着“保护风貌、浮现文化、适度配套、和谐发展”原则，使和顺旅游业的发展有了和顺文化的内涵，具备了可持续发展的灵魂。

参考资料：

1. 部分资料整理自《新京报》。

2. 和顺古镇积极探索文旅融合产业发展新模式，形成政府、村民、企业、华侨多赢发展局面——保护风貌 浮现文化 和谐发展［N］. 保山日报网 – 保山日报，2020–12–07.

案例 9

甘肃省敦煌市莫高窟：数字科技引领旅游升级，线上传播发挥社会效益

敦煌莫高窟是中国绵延最久、内涵丰富、艺术精湛、保存良好、影响最大的石窟群，代表了我国在 4—14 世纪佛教文化艺术的最高成就，是丝绸之路上中国古代多民族文化及欧亚文化汇集和交融的结晶，被誉为“东方艺术宝库”“世界最长的画廊”和“墙壁上的博物馆”。但是受历史环境影响和技术手段限制，莫高窟一度经历了劫掠、破坏、风化、侵蚀。如何更好地保护文化遗产，这不只是莫高窟面临的挑战，也是全球文物保护工作者的共同使命。

一、发展概况

敦煌莫高窟位于甘肃省河西走廊西端，背靠绵延的鸣沙山，正面高耸的三危山，前有大泉河流过，具有戈壁沙漠间绿洲的环境特征。莫高窟始建于前秦建元二年（公元 366 年），从十六国时期到元代，历经千年不断的凿窟造像以及修缮、重塑、重绘，至 14 世纪形成了南北全长 1700 多米的石窟群。1900 年，莫高窟藏经洞内有大量文献及各种文物被发现，包括绢画、版画、社会文书、刺绣和书法作品等，保守估计有 5 万多件，但受时代所限，大部分精品散失海外。莫高窟至今仍然保存着 735 个洞窟，45000 平方米壁画和 2000 多身彩塑，成为世界上历史延续最悠久、保存较完整、内容最丰富、艺术最精美的佛教艺术遗存，越来越多的国内外游客不远万里来到中国西北，参观“沙漠里的美术馆”。

多年来，敦煌莫高窟通过不断探索、科学统筹，形成了“以研究保护为前提，以数字化为主要手段，以莫高文化为内核，以游客需求为导向”的文化传承、文物保护与利用相结合的发展模式。通过全面考虑文化遗产保护利用与游客参观模式多元化因素，建造莫高窟数字展示中心；运用莫高窟数字化展览，达到线上传播弘扬中华优秀传统文化、提高社会效益的效果；多维度完善展示

方式、提高服务质量，实现既降低洞窟承载游客压力又提高旅游服务质量；满足游客参观体验方式多元化需求，由单一游览模式转变为复合参观模式等多种做法和措施，实现了文化传承、文物保护利用和促进国际交流合作的“多赢”效果。

二、主要做法

为做到最大限度地保护这一世界文化遗产同时又能适度进行开发，莫高窟探索了如下综合保护措施和开发模式：

（一）全面考虑文化遗产保护利用与游客参观模式多元化因素，建造莫高窟数字展示中心

莫高窟的早期修复保护是壁画修复师们借助化学、物理、工程等技术，一点一滴地修复有“病害”的文物，这种“抢救性保护”是国内壁画修复保护的起点。但任何先进的保护技术，都只能延缓文物的寿命，而无法遏制壁画和彩塑的退化趋势。对此，敦煌研究院名誉院长樊锦诗提出“运用数字储存技术，永久地保存莫高窟文物信息及其珍贵的价值”。

莫高窟洞窟里的塑像①

莫高窟数字展示中心是莫高窟保护工程中的核心项目，于 2014 年投入运

① 图片来源：敦煌研究院官方网站。

营，总投资达3.4亿元①。展示中心拥有世界上第一个实景还原文物的球幕电影，核心展示内容为“数字敦煌”与“虚拟洞窟”，建筑面积为1.18万平方米，包括游客接待大厅、数字陈列厅、数字影院、球幕影院。敦煌研究院曾用10年时间进行洞窟监测、游客调查，最终统计出游客承载量，即以每位游客在莫高窟参观2小时计算，一天只能接待3000人，洞窟可容纳25人标准参观组的最小面积为13平方米，每个洞窟平均参观8分钟为宜②。洞窟外，更多的人通过互联网看到莫高窟。2016年5月，“数字敦煌”全球上线。敦煌研究院用十几年时间积累的莫高窟数字档案发挥了作用，30个经典洞窟以另一种形式在互联网上重建。点开链接是30个洞窟的列表，洞窟简介列在首页，点击鼠标，便可以开始洞窟内的全景漫游。至2014年暨敦煌研究院成立70周年，莫高窟的保护工作历经“抢救性保护时期”和“科学保护时期”，在数字化技术的支持下进入“预防性保护时期”。数字化成果不仅有助于缩短游客在洞窟内的滞留时间，降低旅游开放对石窟文物保护的压力，也改变了多年来只是进洞参观的单一被动接待模式，实现了参观者在“窟外看窟”，改善了旅游服务质量。

（二）运用莫高窟数字化展览，达到线上传播弘扬中华优秀传统文化、提高社会效益的效果

在“互联网+”影响下，崛起的智能移动媒体为莫高窟线上传播提供了新的发展契机，提供了一种崭新的思路，即利用互联网这一工具，推进莫高窟线上传播，提高社会效益。莫高窟是不可移动的物质文化遗产，同时也是爱国主义教育基地，除了实体洞窟参观以外，通过展览的形式展示莫高窟文化遗产，在传承弘扬中华优秀传统文化、激发爱国热情，凝聚人民力量、培育民族精神方面有着特殊意义。

敦煌研究院在莫高窟文化遗产展览的数字化开发上做出了积极尝试，运用计算机等数字化手段，将二维图像与三维模型相结合，使不可移动的文物突破物理限制走出敦煌，走出中国，面向世界，形成了独特的展陈方式并取得阶段性成果，宣传和促进了莫高窟文化遗产的开放和开发，走在了全国文化遗产展览数字化和线上传播的前列。一是利用高清拍摄和数字化高保真技术1∶1复制出原始洞窟，逼真再现敦煌石窟的三维结构及其内容，通过“数字敦煌”资源

① 王双兴．莫高窟文化遗产保护：传统手艺与数字科技下的新生［N］．新京报，2019-09-20.
② 同①．

库平台以敦煌石窟艺术的数字化成果为基础，汇集有关敦煌石窟的图像、影像、考古研究和保护等方面的数据，在数字世界中再现敦煌石窟的精美绝伦，满足观众打破时间、空间限制的游览欣赏需求；满足游客充分感受敦煌文化的博大精深，领略敦煌艺术的恢宏伟大的需求。二是《和光敦煌》系列短视频以全新视角呈现敦煌壁画中的丰富文化内涵和充盈的美学价值，将敦煌壁画与典雅的音乐、动人的文字、深入的壁画解读融合，让参观者与敦煌文化艺术能够随时随地展开一场“近距离对话”。三是为满足广大游客的多元化需求，在“数字敦煌”资源库的基础上推出了“细品敦煌艺术，静待春暖花开”网络线路游，包括飞天、藻井、千佛等装饰图案和介绍壁画中民俗生活、史迹画、建筑乐器等内容为主的四条精品线上参观线路，让大家“零距离”感知敦煌文化艺术。

（三）多维度完善展示方式、提高服务质量，实现既降低洞窟承载游客压力又提高旅游服务质量

为了既保护文物本体又带给参观者良好的体验，莫高窟实施了全面统筹、窟内与窟外结合开放的展示方式。一方面陆续启动了敦煌石窟文物保护研究陈列中心、藏经洞陈列馆和敦煌研究院院史陈列馆等展馆；另一方面在兰州分院建成敦煌艺术馆，均向游客免费开放。这些展陈，既增加了游客对敦煌历史文化的多方位了解，丰富了教育内容，又缓解了游客参观对洞窟承载能力造成的压力。

莫高窟九层楼[①]

① 图片来源：新华社客户端，张晓亮 2019 年 4 月 18 日摄。

为积极弘扬敦煌石窟优秀传统文化，莫高窟不断完善游客接待设施，加强接待讲解队伍建设，提高服务质量，对特殊参观群体实施优惠政策；同时以“文化遗产日”为契机，加大文化遗产的宣传力度，积极支持开展文化遗产知识进校园、进课堂活动。这样就形成保护与发展的良性循环，保证了文物的可持续利用和满足游客需求。

（四）满足国内外游客参观体验方式多元化需求，由单一游览模式转变为复合参观模式

莫高窟数字展示中心于2014年8月1日投入使用以后，莫高窟参观全面实行预约制，同时落实单日最大游客承载量总量控制原则。一是改变购票方式。随着云计算、物联网和移动客户端等技术的逐步成熟，“智慧旅游”作为旅游发展新动向，对游客和旅游资源已经产生了重大的影响。作为世界著名文化遗产地，为顺应旅游发展大趋势，莫高窟建立了网上预售票平台，将洞窟和数字展示中心影院场次参观信息及时发布，游客必须通过莫高窟参观预约网提前预约购票。网络预约购票系统支持在线支付、短信订单提示等功能，为旅游者提供方便的购票服务，让游客主动获取旅游相关信息，做好旅游计划安排。二是改变参观模式。游客先到数字展示中心用约40分钟时间观赏两部主题电影《千年莫高》和《梦幻佛宫》，提前了解莫高窟的背景知识，领略莫高窟博大精深的佛教艺术。目前，数字展示中心每天播放30场电影，每场200人。观看完主题电影，200位游客被4辆大巴送到窟区，在8位讲解员的带领下分8条线路参观，在8分钟后走出洞窟①。参观模式的改变，既充分传播了莫高历史，也大大缩短了游客在洞窟中的滞留时间。并且，通过数字网站中英文版上线，使全球可以在线共享“数字敦煌资源库”30个洞窟高清数字图像和虚拟漫游节目，运用新媒体平台讲好“敦煌故事”，让辉煌灿烂的中华优秀传统文化的世界影响力越来越大，积极推动敦煌文化研究服务共建“一带一路”。

三、经验启示

近年来，文物的旅游开发越来越受重视，这在一定程度上增加了当地的财

① 王双兴．莫高窟数字化新生：保护一刻也不能停止［N］．新京报，2020-09-20.

政收入，但也使文物保护工作面临新的形势及挑战。国内文化遗产中，敦煌莫高窟开发早，能够合理处理文化遗产保护开发利用与保护之间的关系，值得借鉴和参考。

敦煌莫高窟通过建造莫高窟数字展示中心、开展莫高窟数字化展览并推出“数字敦煌”资源库、多维度完善展示方式、实行游客复合参观模式等措施，做到了文化遗产保护开发利用与中华优秀传统文化传承的和谐共进。通过案例可以看出，在文化遗产保护事业中，数字资源的开发和利用必定向更加开放、科学、自主的方向发展。在这一过程中，敦煌研究院多年来始终遵循“不改变原状”的文物保护要义，坚持与时代同行、与科技发展相融合，采取数字化等多种保护技术措施，逐步实施莫高窟全部文物的数字化储存和数字网站中英文版线上传播，真正达到了文物保护、国粹传承和促进国际合作交流的效果。

参考资料：

部分资料整理自《新京报》。

案例 10

内蒙古自治区赤峰市：保护少数民族文化遗产，巩固中华民族多元一体格局

赤峰市传统文化丰富而厚重，其文化地位特殊，文化优势得天独厚，在弘扬优秀文化传统方面肩负重大历史责任和社会使命。另外，赤峰地区也是北方各民族的繁衍生息之地，在漫长的历史进程中发展出了草原文明的多种文化形态，诸如北方草原青铜文化、契丹文化、蒙元文化等。悠久多样化的历史文化、民族文化，成为当下赤峰传统文化的源泉滋养，推动了赤峰精神文明的发展，体现于赤峰地区 7000 多处文化遗址、遗迹以及大量的文物中。赤峰市党委和政府一直非常重视少数民族文化遗产的传承和保护工作，开创了少数民族文化遗产保护和传承发展的新局面。

一、发展概况

赤峰市作为红山文化的发源地、辽文化的核心区，是一个历史悠久、多民族聚居的文化宝地。赤峰有国家级文物保护单位 50 处，以境内地名命名的文化 8 个，小河西文化（距今约 9000 年）、兴隆洼文化（距今 8150—7350 年）、赵宝沟文化（距今 7350—6420 年）、红山文化（距今 6660—5000 年）、富河文化（距今 6000 年）、小河沿文化（距今 5000—4870 年）、夏家店下层文化（距今 4200—3600 年）、夏家店上层文化（距今 3000—2500 年），已发现古人类文化遗址 7340 处。[①] 兴隆洼遗址被史学界誉为“华夏第一村”，红山文化标志性器物 C 型碧玉龙被史学界誉为“中华第一龙”，二道井子夏家店遗址被史学界誉为“草原第一城”。因红山文化“国宝”碧玉龙的发现，赤峰又被称为“玉龙之乡”。多年来，赤峰市通过加强物质文化遗产保护、推动非物质文化遗产保护和传承等措施，有效保护和传承了少数民族文化遗产，巩固了中华

① 数据来源：内蒙古自治区政府门户网站。

民族多元一体格局。

二、主要做法

长久以来，数十个民族的同胞在赤峰大地繁衍生息，为今天的赤峰市留下了交融与共的文化资源，赤峰市为保护和传承少数民族文化遗产，主要做法如下：

（一）加强物质文化遗产的有效保护

赤峰地区物质文化遗产相当丰富。赤峰市政府及相关部门对物质遗产的保护工作较为重视。目前，以辽大明塔、喀喇沁王府、公主陵、辽陵等为代表的具有契丹、满、蒙古少数民族传统文化特色的古建筑群落，政府不仅派专门的单位加以日常管理维护，还将之与地方旅游产业发展相融合，使得上述文物及其内蕴的传统文化得到良好的宣传；对于开掘较早且具备世界级考古学意义的红山文化遗址、赵宝沟文化遗址、小沿河文化遗址，赤峰市各级人民政府和相关部门将其保护列入重要议事日程，并纳入赤峰市经济和社会发展计划及城乡规划。而且，专门制定了《赤峰市红山文化遗址群保护条例》。该条例 2016 年 10 月 27 日赤峰市第六届人民代表大会常务委员会第二十九次会议通过，2016 年 12 月 1 日内蒙古自治区第十二届人民代表大会常务委员会第二十八次会议批准，自 2017 年 1 月 1 日起施行[①]。这一条例的实施对于保护文山文化遗址有着非常重要的意义和作用。真寂之寺石窟、后昭庙辽石窟、克什克腾岩画群、翁牛特岩画群等具有丰富文化艺术价值的文物，赤峰市政府及有关部门定期指派专人查验、维护，目前形体完整、轮廓清晰；除保护外，赤峰市政府对物质文化遗产还加以文化宣传，赤峰市承办的历次“红山文化节”均有对赤峰地区物质文化遗产的介绍及图片展示。另外，赤峰市还在每年 6 月的第二个星期六的“文化和自然遗产日”里，着重介绍赤峰地区物质文化遗产，加深广大群众对文物的了解，实现中华民族传统文化的创造性转化[②]。

（二）充分发挥赤峰博物馆在少数民族文化遗产保护和传承中的作用

赤峰博物馆馆内馆藏文物 1 万余件（组），其中一级文物 103 件（组），

---

① 信息来源：赤峰博物馆官方网站。

② 王高飞．赤峰市传承优秀传统文化现状及问题研究［J］．赤峰学院学报，2020（41）：1.

二级文物228件（组），三级文物854件（组）。红山文化勾云形玉佩、红山文化石雕人像、赵宝沟文化凤型陶杯、夏家店下层文化彩绘陶鬲、西汉王莽铸钱陶范、辽代三彩鸳鸯壶、清代金字楠木骨灰罐、清代金字《甘珠尔经》等都属馆藏精品，具有重要的历史、艺术和学术研究价值[①]。一是赤峰博物馆文物展览设计着重突出地方历史文化，从赤峰历史发展中，撷取了四个精彩时段，运用文物与史料相结合的展陈方式。赤峰博物馆将赤峰地区新石器时代、北方青铜文化、辽金时期及蒙元时期的几次文化高峰，用专题展的形式进行陈列展示，突出了赤峰地区考古学文化、历史文化特色，全面反映了每一时段的文化特点，形成了赤峰博物馆特有的展陈风格。二是以赤峰博物馆为首的各级收藏机构对现有文物持续进行保护利用的基础性工作，加强文物科技保护修复和预防性保护。赤峰博物馆新馆吸收了中国唐代、辽代的建筑特色，借鉴了我国传统宫殿建筑中轴对称、主从有序、中央殿堂、四隅崇楼的布局手法，形成古朴典雅、博大雄浑、具有赤峰独特历史文化象征的建筑风格。三是赤峰博物馆将赤峰悠久的历史文化和民族习惯展现在大众面前，不仅弘扬了地方文化，推动了文化旅游观光的发展，也创造了博物馆文化营销与城市生活融合的范式。

（三）多措并举加快推动格斯尔非物质文化遗产的保护和传承等各项工作建设

巴林右旗为格斯尔文化的主要发祥地之一，被文化和旅游部命名为“格斯尔文化之乡”。近年来，内蒙古自治区赤峰市巴林右旗委、政府高度重视“格斯尔”非物质文化遗产的保护传承工作。依托“格斯尔”非物质文化遗产这一独特而宝贵的文化资源，从保护传承民族非物质文化遗产、维护民族团结和边疆稳定、促进地方经济社会文明进步的高度，大力弘扬这一中华灿烂文化。通过强化规划指导、加大资金投入、提供政策优惠、注重传承保护等工作，走出了一条适合巴林右旗“格斯尔”非物质文化遗产保护传承和文化产业发展之路。

① 信息来源：内蒙古自治区文化和旅游厅官方网站。

红山文化的“中华第一龙”①

2009 年，蒙古族《格斯尔》和藏族《格萨尔》一并被列入联合国教科文组织“人类非物质文化遗产代表作”名录。巴林右旗是我国蒙古《格斯尔》文化主要发祥地之一，形成了聚合史诗演述、神话传说、祭祀民俗、歌谣、那达慕、群众文化、生态保护为一体的《格斯尔》活态文化系统。该旗拥有全国唯一一座格斯尔庙和格斯尔敖包，另有格斯尔拴马桩、阿斯罕山豁口、格斯尔阿贵（山洞）等 100 余处《格斯尔》传说风物遗址。

巴林右旗“格斯尔”非物质文化遗产保护传承的具体措施包括：

一是依托《格斯尔》这一宝贵非遗文化资源，巴林右旗于 2010 年成立了格斯尔文化研究发展中心，专项负责格斯尔文化建设工作。全旗至今已累计投入资金 5000 余万元，先后建成了格斯尔射箭馆、马具展厅、文化展厅、说唱厅、赛马场、幼儿园、驾校、传统弓制作厂，扩建了格斯尔庙，新建格斯尔传习所 1 处。②

二是巴林右旗搜集了 1300 多小时的《格斯尔》口传资料，出版了 200 余部格斯尔文化资料、55 种祭文、10 余部学术著作，发行了百集电视说唱艺术片《格斯尔故事》——该片是我国近 40 年来搜集整理《格斯尔》史诗工作中产生的第一部电视艺术科学资料片。巴林右旗依托“非遗”文化，培树民族文化特色品牌，先后举办了“格斯尔文化高层论坛”“格斯尔与口传史诗国际研

① 图片来源：内蒙古文化和旅游厅。
② 徐然．加大投入、培育传承……他们这样保护非遗［N］．中国民族报，2019-07-20.

讨会”等大型学术研讨交流活动。该旗建成格斯尔射箭馆、马具展厅、文化展厅、说唱厅、赛马场、传统弓制作厂，扩建了格斯尔庙，新建格斯尔传习所 1 处。[①]

内蒙古赤峰市巴林右旗的格斯尔艺术家们进社区表演[②]

三是巴林右旗注重积极培育格斯尔传承人。截至目前，全旗开展培训活动 21 次。巴林格斯尔于 2014 年被确定为“第四批国家级非物质文化遗产代表性项目名录扩展项目名录”。巴林格斯尔传承人金巴扎木苏于 2018 年入选“第五批国家级代表性传承人”，被中国民间文艺家协会评为“中国民间文化杰出传承人”。[③] 同时，巴林右旗积极推进《格斯尔》文化中小学教材编辑出版工作，并积极研发制作一系列《格斯尔》动漫、画册、舞台剧等形式多样的文化产品，让传统文化以更鲜活的形象赢得广大青少年的喜爱，吸引他们自觉自愿地加入到传承和弘扬民族文化瑰宝的行动中来，优化了少数民族的非遗传承及发展生态。

（四）通过发展文化产业创新少数民族文化遗产的保护与传承方式

市场经济条件下，发展文化产业不失为文化遗产保护与传承的重要路径之一。目前，赤峰市传统文化产业化有很大一部分集中于旅游行业。凝聚清代满

① 徐然 . 加大投入、培育传承……他们这样保护非遗［N］. 中国民族报，2019-07-20.

② 图片来源：新华网客户端，袁野 2020 年 6 月 10 日摄。

③ 同①.

蒙文化的喀喇沁王府目前已成为国家 4A 级旅游景区，每年游客量可达 6 万人次；以玉文化、契丹文化、游牧文化等传统文化为主题的红山文化节、辽中京文化节、草原旅游文化节等富有特色的文化节庆活动不仅为赤峰市带来经济收入，也有效地传播了赤峰地区的少数民族文化遗产。[①] 另外，传统文化创意产品也是赤峰少数民族文化遗产保护与传承较好的领域。比如，赤峰市旅游标志耶律小勇是辽契丹文化的创意化设计，不仅作为旅游标志形象化传播了赤峰地区文化，也衍生出玩偶、漫画册等周边产品，推动赤峰传统文化的传承与弘扬。另外，将蒙古族传统音乐、舞蹈因素融入，编创时代性与民族性兼备的歌舞剧目也是赤峰创意文化产业的一个重要导向。

三、经验启示

习近平总书记指出，我国是统一的多民族国家，中华民族是多民族不断交流交往交融而形成的。中华文明植根于和而不同的多民族文化沃土，历史悠久，是世界上唯一没有中断、发展至今的文明。要重视少数民族文化保护和传承，支持和扶持《格萨（斯）尔》等非物质文化遗产，培养好传承人，一代一代接下来、传下去。要引导人们树立正确的历史观、国家观、民族观、文化观，不断巩固各族人民对伟大祖国的认同、对中华民族的认同、对中国特色社会主义道路的认同。

我国少数民族的文化遗产资源丰富，但多民族历史的流变性和对行政资源的依赖性，以及文化遗产空间上的离散性、保护项目布局上的点状特征，共同消解了多元主体协同保护的合力。赤峰市文化底蕴深厚、文化遗产众多，通过加强物质文化遗产的有效保护、充分发挥赤峰博物馆在少数民族文化遗产保护和传承中的作用、多措并举加快推动格斯尔非物质文化遗产的保护和传承等各项工作建设、通过发展文化产业创新少数民族文化遗产的保护与传承方式等有效保护和传承了少数民族文化遗产、凝聚了中华民族精神，有力地巩固了中华民族多元一体格局。

---

① 王高飞.赤峰市传承优秀传统文化现状及问题研究［J］.赤峰学院学报·哲学社会科学版，2020（1）：102。

参考资料：

1. 王高飞 . 赤峰市传承优秀传统文化现状及问题研究［J］. 赤峰学院学报，2020（41）：1.

2. 部分资料整理自：内蒙古自治区政府门户网站、赤峰市人民政府网站、赤峰市博物馆官网、《中国民族报》。

案例 11

广东省广州市荔湾区西关历史文化街区永庆坊：老城微改延续城市文脉，业态更新焕发城市青春

近年来，永庆坊在旧城更新工作中深入践行习近平总书记关于城市规划建设的重要讲话精神，积极探索创新微改造工作模式，用“绣花”功夫取代大拆大建，延续了老街的岭南建筑风貌，改善了老街居民的居住环境，以保护传承非物质文化遗产为着力点突出地方文化特色，用业态更新促进文化、商业和旅游的融合发展，为新时代的老城发展奠定了基础，注入了活力。

永庆坊正门牌坊[①]

一、发展概况

广州永庆坊位于被誉为“广州市最美骑楼街”的荔湾区恩宁路，拥有多处文物古迹和大量历史建筑，汇集了广绣、粤剧、醒狮等多项非物质文化遗产，是广州市中心现存最老的文化街区，呈现出浓厚的西关风情。2010 年广州亚

① 图片来源：南方法治报客户端 2018-11-02，南方法治报记者景国民摄。

运会前后，广州市旧城改造工作转变思路，由大拆大建转变为以保护历史文化资源、保持历史街区肌理为主。恩宁路历史街区作为重要代表，形成了“揭盖复涌，修旧如旧，建新和谐；交通梳理，肌理抽疏，资源活化”的修缮原则。

2016年，作为恩宁路首个启动修缮改造的项目，永庆坊在“党委统领，政府主导、企业承办、社会参与”的模式下，引入万科集团承担修缮建设和前期运营，以“修旧如旧，新旧融合”的微改造精神，在保留原有整体风貌和空间肌理的前提下对片区内的老旧建筑和空间格局进行维护修缮、改造提升，保护和展示广州特色非物质文化遗产，引入众创办公和文化创意产业进行业态更新。2016年10月，占地约8000平方米的永庆坊一期正式对外开放。

2018年12月，永庆坊启动二期工程，总面积13.7万平方米，包含8个施工工段，预计将于2021年7月前全部完工。永庆坊二期改造严格贯彻落实总书记讲话精神，进一步突出广府文化、西关风情，改善人居环境，推动“新旧融合”，用“绣花功夫”活化广州最著名的历史文化街区，让传统老街焕发出时代活力。

二、主要做法

（一）探索创新，先行BOT模式，提高社会参与

永庆坊在老旧社区活化改造中率先探索实行BOT（建设—经营—转让）模式，通过公开招商引入万科集团承担项目的修缮建设和前期运营。政府作为片区大部分物业的持有者，主要负责明确活化改造的方向和定位，并总体把握活化过程和改造成果；企业通过方案的公开招商评标，获得项目的投资改造授权，并享有一定年限的运营收益。通过“企业承办”，永庆坊将政府征收的公房委托给市场企业修缮、运营，使市场资金首次进入历史建筑活化项目，以运营权的市场化探索经济发展与文化保护的平衡之道，为激活历史文化街区的发展动力提供了经验和政策上的重要参考。

与此同时，永庆坊改造项目积极落实“共商共建、共治共享”模式，注重提高“社会参与”。2018年9月，恩宁路历史文化街区共同缔造委员会正式成立，成为广州旧城更新的首个公众参与平台。该委员会在广州市城市更新局、荔湾区委区政府和国规部门的指导下，由多宝街牵头，区城市更新局及区国规局配合，区人大代表、区政协委员、社区规划师、居民代表、商户代表、

媒体代表、专家顾问等成员共同构成，其中居民和商户代表人数过半。委员会以“共同缔造，利益协商”“日常沟通，推进解决”为主要职能，在推动多方探讨、收集各方意见、协调利益冲突、监督项目进展、宣传政策方案、推进问题解决等方面发挥了重要的积极作用。目前，这种共同缔造委员会模式已沿用至其他社区的更新改造项目中，成为一项推进旧城更新顺利开展的重要工作机制。

（二）绣花功夫，延续老城风貌，改善人居环境

所谓微改造，即在维持现有建设格局基本不变的前提下，通过局部拆建、功能置换、保留修缮，以及整治改善、保护、活化、完善基础设施等办法实施的更新方式。作为《广州市城市更新办法》中“微改造”方式的试点项目，永庆坊一期以“绣花功夫”对片区内的老旧建筑和空间格局进行活化更新。一是“修旧如旧，建新和谐”，保持建筑外轮廓不变，通过去污清洗、重新上色、修补加固等方式对建筑立面进行更新，通过结构替换、结构加固、增加实用性元素等方式消除室内安全隐患，改善室内空间功能；二是“交通梳理，肌理抽疏”，对破坏整体风貌的加建、附建部分予以拆除，增加绿地和公共活动空间，调整步行通道，将交通线路由单一出入口改造为井字形交通循环；三是“文保专修，资源活化”，对片区内的文物保护建筑，聘请专业单位承担修缮设计，沿袭传统工艺重现岭南特色建筑元素，修缮完成后用以举办当地特色公共文化活动，实现资源活化；四是“基础完善，消除隐患”，结合青石板路改造工程优化片区排水系统，增设消防摩托、小型消防车、消防喷淋等多种消防设施，整理电力和通信线路，将露天线缆埋入地下，利用动迁回收建筑配建公厕等公共服务设施。

以保留甚至强化岭南建筑风貌为目标，用细致修缮取代大拆大建，永庆坊从建筑空间破碎、建筑风貌混乱、公共空间缺失、安全隐患突出、文保建筑弃置的破旧衰败社区转变为风貌统一、空间合理、环境优美、设施完善、特色鲜明的历史文化街区，为片区全面活化打下了重要的建筑和空间基础。

2018 年 12 月，永庆坊二期改造正式启动。二期工程将在保证整体风格协调的前提下，对建筑进行差异化的改造，更多地运用现代化的技术、工艺和材料，进一步推动“新旧融合”。

（三）聚焦非遗，展示广府特色，突出文化氛围

西关作为广府文化发祥地，除了文物保护单位、历史建筑、传统风貌建筑等物质性历史文化遗存外，还汇集了以“三雕一彩一绣”为代表的“广作”手工技艺、粤剧、咏春拳、醒狮等极具广府特色的多种非物质文化遗产。为进一步突出街区历史文化氛围，传承地方特色文化，永庆坊聚焦非遗资源，通过建设展览场馆、举办主题活动、打造非遗聚集区等方式对广府特色非物质文化遗产予以集中展示和保护传承。

“三雕一彩一绣”指玉雕、牙雕、木雕、广州彩瓷和广绣，是广州基于其对外贸易口岸这一优势区位条件，在中外贸易往来和文化交流中形成的特色手工技艺。一期改造中，永庆坊在其入口处修建了“三雕一彩一绣”展览馆，集中展示“广作”技艺的杰出代表，彰显了西关特色的商贸文化和开放文化。穿过李小龙祖居斜对面的“岁月邮局”，是“广州岑能咏春拳传承基地”。咏春拳起源于广州十三行，分广州咏春、佛山咏春两大宗派。20 世纪 40 年代后期，咏春拳宗师岑能在西关设馆授徒，创立了岑能咏春拳。2016 年，“广州岑能咏春拳传承基地”入驻永庆坊，利用永庆坊历史文化街区这一平台传承弘扬广州咏春功夫文化。

为进一步丰富游客的非遗体验，永庆坊二期重点打造了主题为“永庆 Studio——非遗手作体验”的非物质文化遗产聚集地，这座院落式布局的非遗小院，将同时提供多项非物质文化遗产的制作、体验、购买一体化服务，与永庆坊一期的“广州岑能咏春拳传承基地”“三雕一彩一绣展览馆”形成文化上的延伸。目前，该区域已有广东醒狮、广绣、广彩、箫笛制作、饼印、广州榄雕、古琴、玉雕、珐琅等 10 个非遗保护项目入驻。

除了以特定区域集中展示非遗项目之外，永庆坊还以举办主题文化活动的方式进一步加强文化氛围。如 2019 年 8 月 31 日，以“老街·新潮”为主题的青年舞台艺术嘉年华活动在永庆坊举办。活动集中展演了一批优秀的青年舞台艺术作品，并同步在老街区举办真人雕塑艺术展览，给这条充满广州都市人文底蕴的西关老街区注入新潮。2020 年 6 月 13 日，主题为“精彩非遗，健康生活”的 2020 年“文化和自然遗产日”系列活动开幕式暨非遗大师捐赠抗疫物资表彰颁证仪式在永庆坊金声广场举行。活动共邀请了 20 多个非遗项目，涵盖非遗工艺、传统广府美食和特色中医药，使广大街坊游客得以近距离体验广府非遗和西关传统生活文化。2020 年 7 月 24 日至 8 月 31 日，永庆坊和广州美术学院视觉艺术设计学院联合举办了线下广美展。该展览以“跨界 · 融合 · 创新”为主题，以广府“非遗粤剧水袖”为灵感进行展厅空间设计，共展出本科四大系及研究生精选作品 60 余件，以独特视角展现当代青年对社会问题的理解。

永庆坊举办非遗展示活动①

（四）更新业态，推动文商旅融合，焕发老城新春

为实现历史文化保护与经济发展的平衡，永庆坊积极引入众创办公、教育营地、长租公寓、文化创意、生活配套等多种产业进行业态更新。

已开业运营的永庆坊一期吸引了近 60 家文化创意、精品民宿、创意轻食、文化传媒等商户和企业。如李小龙祖居旁的活字印刷主题小店，以“让传统在现代活起来”理念，为游客提供活字印刷体验；民宿品牌“归觅”坚持其专注于城市历史街区建筑活化及在地文化传承的品牌定位，其永庆坊店实行“民宿 +”模式，既是精品民宿，也是岭南茶文化体验场所。永庆坊现已成为广州市文化产业示范园区、创新创业（孵化）示范基地，协助园区近 10 家青年创业商户申请到相应政策扶持。

正在建设中的永庆坊二期，在业态布局规划上分为个性工坊、人文小巷、慢调水岸、最美骑楼街、时尚天地、先锋主场、创意部落 7 个片区，引入广州

① 图片来源：金羊网，2020-06-13，羊城晚报通讯员荔宣提供。

老字号及时尚轻餐饮文化、“三雕一彩一绣”及粤剧粤曲等非遗文化工艺品、岭南特色风情民宿、复合展演空间等新兴业态，进一步推动文商旅融合。以被誉为“中国最美书店”的钟书阁为例，秉持“连锁不复制”理念，入驻永庆坊的钟书阁华南地区首家分店，在室内设计上吸收岭南建筑特色，采用镬耳屋元素、广州老照片等进行装饰，并计划在书店门口设置岭南文化书籍展示区，供市民和游客了解当地历史文化，目前已成为永庆坊的又一新兴打卡地。

通过业态更新，永庆坊的产业布局持续完善，食、住、行、游、购、娱等各项功能齐全。传统元素与当代潮流在这里交汇融合，既具有老广味又不失现代感，既传承了地方特色传统文化又创造了重要的经济价值。2019 年最高峰时，永庆坊工作日平均吸引游客约 3000 人次，周末达 5000 人次。文化、商业和旅游的融合，为永庆坊的持续发展注入了时代活力，使传统老街在新时代焕发新春。

三、经验启示

（一）城市规划和建设要高度重视历史文化保护

习近平总书记强调，城市规划和建设要高度重视历史文化保护，不急功近利，不大拆大建。永庆坊吸取之前采取大拆大建模式致使改造陷入僵局的经验教训，转变工作思路，以保护街区历史文化为前提，用“微改造”方式保留了街区的基本建筑格局，“修旧如旧”地修复建筑原貌，使西关的岭南建筑文化和居民生活文化在旧城更新中得到有效保护。

（二）城市规划和建设要注重人居环境改善

人居环境是人类工作劳动、生活居住、休息游乐和社会交往的空间场所，对居民生活质量和幸福感有直接影响。城市规划和建设应以改善人居环境为根本出发点。永庆坊将消除安全隐患、完善基础设施、优化空间布局、提升绿化品质作为突出地方特色、保护历史文化的前提和基础，使历史文化街区的居民生活空间功能和历史文化保护功能得以和谐共存。

（三）城市规划和建设要突出地方特色

地方特色的突出，是保护和传承地方历史文化的自然结果，也是避免“千城一面”的必然要求。永庆坊改造立足于独特的西关风情和广府文化，在保留甚至强化岭南建筑风貌的基础上，挖掘、保护和展示具有地方特色的非物质性文化遗存，以多种业态使其融入当地产业发展和人们的日常生活，延续了一座城的独特记忆，留住了离乡人的永恒乡愁。

参考资料：

部分资料整理自：新华网、《羊城晚报》、《南方都市报》、《广州日报》、《南方都市报》、《羊城晚报·羊城派》、微信号“广州荔湾发布”、人民日报社、广州日报大洋网、金羊网、科中资源网、《广州日报》。

案例 12

广西壮族自治区北海市合浦汉代文化博物馆：走好中小型博物馆的特色化发展之路

合浦汉代文化博物馆贯彻落实总书记讲话精神，以汉文化展示为中心加强特色化建设，重点突出合浦县汉代海上丝绸之路的历史文化展示，以多种方式服务于海上丝绸之路文化研究和中华优秀传统文化传承，为中小型博物馆的发展建设提供了经验参考。

合浦汉代文化博物馆[①]

一、发展概况

合浦汉代文化博物馆位于北海市合浦县廉州镇定海南路，馆区占地面积1330平方米，总建筑面积4100平方米，是国家3A级旅游景区、国家第三批免费开放博物馆、广西唯一以汉文化展示为主的遗址类博物馆。自2012年北海市入选“海上丝绸之路”联合申遗城市以来，博物馆积极配合申遗工作，围

① 图片来源：北海市人民政府网站，王健摄。

绕海丝文化规划更新馆陈，特色化建设得到进一步加强。

近年来，博物馆深入落实总书记来馆考察时的重要讲话精神，依托汉墓群出土文物突出文化特色；以加强文物保护和历史研究为基础，多种方式推动中华优秀传统文化发展；硬软件同步发力改造提升，全面提高博物馆接待能力和服务水平。目前，合浦汉代文化博物馆被列为北海市科普教育基地、广西壮族自治区科普教育基地、广西壮族自治区爱国主义教育基地、国家 3A 级旅游景区、国家第三批免费开放博物馆、全国爱国主义教育示范基地。

二、主要做法

（一）依托文物资源，围绕汉文化展示加强博物馆特色化建设

合浦县隶属广西壮族自治区北海市，位于广西南端，北部湾东北岸，是中国汉代海上丝绸之路的始发港之一，拥有众多汉代历史文化遗存。合浦汉代文化博物馆立足合浦县本土历史文化，以汉墓群出土文物为依托，围绕汉文化展示加强特色化建设，主要从以下几方面展开：

一是更名搬迁，以仿汉建筑风格突出汉文化特色。合浦汉代文化博物馆前身是合浦县博物馆，原址位于廉州镇中山路中山公园内。2018 年，为整合文化资源，加强特色化建设，博物馆搬迁至廉州镇北海路，更名为合浦汉代文化博物馆。新馆址毗邻合浦汉墓群，馆内建筑包括仿汉石阙大门、汉墓保护展示厅、主体中心文物陈列厅、办公楼、保安宿舍楼等，均为仿汉代风格建筑，从建筑外观上凸显出博物馆的汉文化主题。

二是依托合浦汉墓群出土文物，围绕汉文化传承保护进行文物展示。合浦汉代墓葬群是广西壮族自治区文物保护单位，自 20 世纪 70 年代以来，已发掘 400 余座，出土文物上万件，为合浦县的汉代文化和海上丝绸之路贸易史研究提供了重要的文物支持。合浦汉代文化博物馆充分利用汉墓群资源，以合浦汉墓出土文物为主，辅以本地传世文物，形成了多达包含 21 件一级文物、177 件二级文物、289 件三级文物在内，共计 5200 余件文物的丰富馆藏。其中，汉墓出土的羽纹铜凤灯、羽纹系链铜小扁壶、龙首金带钩、子母玉带钩、波斯陶壶、罗马玻璃碗、海蓝宝石、紫水晶长串穿珠等因其精湛的工艺和珍贵的历史价值而闻名于世，成为合浦汉代文化博物馆的代表性文物。除文物陈列外，博物馆还建有两个汉墓保护展示厅，分别展示 1987 年为配合修筑南（南宁）

北（北海）二级公路所发掘的四方岭36号墓和2号墓①，进一步强化了博物馆的汉文化特色。

三是围绕古代海上丝绸之路策划展陈，充分展示汉代合浦作为“海上丝绸之路”始发港的悠久历史。得益于得天独厚的地理位置，合浦在2000多年前就成为中原腹地与东南亚、南亚诸国进行贸易交往的最早始发港之一，是汉代陆上丝绸之路和海上丝绸之路的重要连接点。2012年北海市列入“海上丝绸之路”联合申遗城市，为配合“海上丝绸之路”申遗，同时进一步突出博物馆的特色化定位，2013年合浦汉代文化博物馆对其二楼展厅进行装修设计，先后打造了名为“碧海丝路”和“珠光帆影”的合浦海上丝绸之路文物精品展。此外，积极与浙江港口博物馆、广东海上丝绸之路博物馆、广西壮族自治区博物馆等合作，共同举办海上丝绸之路专题展览，传播海丝文化。2017年4月19日，习近平总书记来到合浦汉代文化博物馆参观视察，肯定了围绕古代海上丝绸之路展出的文物有特色。

（二）加强保护研究，以增强文化自信为引领传承中华优秀传统文化

2017年4月19日，习近平总书记视察合浦汉代文化博物馆时指出，要加强文物保护和利用，加强历史研究和传承，使中华优秀传统文化不断发扬光大。合浦县委、县政府牢记总书记的嘱托，高度重视文物保护与历史研究工作，先后制订出《合浦汉墓群保护总体规划》等相关文物保护规划，编制出2017—2021年的考古工作计划，相继成立合浦县海上丝绸之路研究院、合浦县申遗中心等机构，通过考古发掘、文化研究等工作进一步厘清合浦汉代文化的历史脉络和文物价值。此外，合浦县为谱写好丝路新篇章，积极推动海丝文化古为今用，委托中国人民大学进行“‘一带一路’与合浦发展”研究，委托中国海洋大学进行“合浦发展向海经济研究”。

在此背景下，合浦汉代文化博物馆积极落实县委、县政府制定的各项工作计划，做好馆藏文物保护工作和海上丝绸之路历史文化研究工作。在文物保护方面，不断改善保管条件，组织开展文物整理、登记定级、藏品修复、预防性保护、数字化管理等工作。如2018年，博物馆与陕西文物保护研究院合作开

① 李世佳.浅谈中小型博物馆应如何利用“记忆”与“创造力”——以合浦汉代文化博物馆为例［A］.广西壮族自治区博物馆.博物馆（记忆＋创造力）＝社会变革——广西壮族自治区博物馆第六届学术研讨会论文集［C］.广西壮族自治区博物馆，2013：10.

展青铜器修复保护项目，投入 260 万元修复了 160 余件合浦出土的残损青铜器；投入 150 万元升级改造博物馆的安防、消防、防雷设施和空调设备，优化馆藏文物的收藏和展示环境，提高安全性。在加强历史文化研究方面，合浦汉代文化博物馆与广西壮族自治区内外多家考古、科研机构合作，围绕海上丝绸之路的历史与文化内涵展开研究，截至 2018 年 7 月，已出版著作 4 部，发表论文 10 余篇。

（三）加大投入力度，从完善基础设施入手全面提升服务水平

2017 年 4 月 19 日习近平总书记来馆视察后，合浦汉代文化博物馆游客量迎来大幅提升。据统计，2017 年 4—8 月，博物馆共接待游客 90439 人次，同比增长了 278%。游客量的提升对博物馆的接待能力提出了更高要求，为了贯彻落实总书记指示，全面提升博物馆的服务水平，合浦汉代文化博物馆着力开展基础设施改造和讲解员培训工作，硬件、软件同步提升。

基础设施建设方面，2018 年 11 月 20 日起，博物馆闭馆实施展厅提升改造工程，除了对安保、消防、防雷和空调设备进行升级改造外，又投入 150 余万元完成了博物馆基本陈列展览“珠光帆影——合浦汉代海上丝绸之路文物精品展”的提升改造。对展柜灯光进行高标准升级，优化展出效果；充实海上丝绸之路文物，进一步突出展览的文化特点；增设 30 多块文字说明牌，帮助游客了解展品；增设自助语音导览系统，分担人工讲解压力。

游客量的大幅提升直接带来了讲解员接待量的骤然增加，由以往的每天一两场增长至每天五六场，同比增长量达到 300%。对此，合浦汉代文化博物馆通过增设自助语音导览系统、增加讲解员人数来缓解接待压力，同时着重开展讲解员培训工作。为了有效提升讲解员的整体业务水平，博物馆坚持把思想政治工作放在首位，实行讲解员在岗培训和脱岗学习相结合的制度，分批次、有重点地派出多名讲解员赴河南、西安、延安等地参加讲解员培训，有效提高了讲解员的文物讲解和接待能力，提升了博物馆的社会服务水平。

（四）充分利用资源，以多种方式让文物说话，推动文化传承

为充分发挥博物馆职能，讲好海上丝绸之路故事，传承中华优秀传统文化，合浦汉代文化博物馆充分整合利用本土资源，以多种形式丰富游客体验，引领游客深度探索文物背后的历史文化。

一是加强社会教育，积极创造社会效益。自 2012 年免费开放以来，合浦汉代文化博物馆始终注重加强与学校、部队、社区、乡镇和企事业单位的联系，将围绕“一带一路”建设和“不忘初心、牢记使命”主题教育作为博物馆社会教育的主要内容，积极创造社会效益。据统计，截至2018年，合浦汉代文化博物馆多次联合社区举办历史文化讲座，与中小学校合作开展“未成年人传统文化教育”互动活动；联合机关、企事业单位开展爱国主义教育和科普教育实践活动达100多场次；接待中央、省部级领导考察指导近100人次，中外贵宾、社会团体参观100多万人次；免费为未成年人、老年人，残疾人、军人团队讲解达2000多场次。在一如既往的不断努力下，合浦汉代文化博物馆于2018年荣获“全国文物系统先进集体”称号，于2019年入选中宣部命名的新一批全国爱国主义教育示范基地。

二是依托自身资源，联合馆外资源，举办或承办特色主题活动。如2019年10月18日，首届国家考古遗址公园文化艺术周——暨国家考古遗址公园十周年庆典、第九届国家考古遗址公园联盟联席会、首届良渚国家考古遗址公园文化艺术周、首届合浦考古遗址公园文化艺术周活动开幕式在合浦汉代文化博物馆举行。此次活动由合浦县政府与杭州良渚遗址管理区管理委员会共同举办，以“共谋、共创、共赢、共享”为主题，分别在北海合浦和杭州良渚两个会场同时举行，活动包括宣传报道、同享共庆、另眼相看、古代艺术与当代艺术、文体融合、古代中国与当代中国、文化和旅游融合七个主题活动，全面展示考古文化。2019年12月12日，2019“一带一路”国际帆船赛·北海“北海日——文化之旅”活动在北海市合浦汉代文化博物馆进行，荣誉家庭的成员进入博物馆内参观，详细了解汉代合浦作为“海上丝绸之路”始发港的悠久历史，感受海上丝绸之路文化。2020年7月11日是第16届中国航海日，广西海事局特别策划“携手同行　汉代海上丝绸之路”线上主题活动，由广西海事局航海文化讲解员们带领广大网友开启线上“广西航海文化之旅”，合浦汉代文化博物馆作为广西海事局航海文化教育基地之一参与了此次活动。

三是借助资源整合，以综合性旅游景区为平台开启文化和旅游融合新阶段。合浦汉闾文化园是广西唯一的以汉文化为主题的国家4A级旅游景区，是2016年广西特色文化产业重点项目。景区占地面积145亩，分为汉代文化博物馆区、汉代生活体验区和海丝路文化观光区三个板块，是集旅游、观光、餐饮、休闲、娱乐、研学为一体的综合性旅游景区。作为文化园的重要组成部分，合浦汉代文化博物馆借助该平台进一步提升了知名度和游客量，同时也为合浦县文化和旅游融合发展提供了重要的资源条件。

合浦汉闾文化园[①]

三、经验启示

（一）以特色化建设成就中小型博物馆的发展之道

习近平总书记指出，博物馆建设不要“千馆一面”，不要追求形式上的大而全，展出的内容要突出特色。合浦汉代文化博物馆作为县级中小型博物馆，紧紧围绕本土文化确立发展定位，主题鲜明，特色突出，以“舍我其谁”、不可替代的重要价值赢得了良好发展。

（二）加强文物保护和历史研究是博物馆持续发展的动力源泉

加强文物保护和利用，加强历史研究和传承，是使中华优秀传统文化不断发扬光大的前提基础。合浦汉代文化博物馆以做好文物保护为基础，积极开展研究工作，深入发掘海上丝绸之路文化，在丰富博物馆自身文化内涵、增强博物馆文化吸引力的同时，更为推进中华优秀传统文化的传承发展做出了重要贡献。

（三）整合资源，借文化和旅游融合之风获得新机遇

在文化和旅游融合发展的大背景下，合浦汉代文化博物馆作为合浦汉闾文

① 图片来源：合浦县人民政府门户网站。

化园的组成部分，在为文化园这一综合性旅游景区的建设提供了重要文化资源的同时，也借助资源整合之力进一步增强了自身的旅游资源属性，提高了博物馆的游客量和知名度，获得了更多发展机遇。

参考资料：

1. 李世佳 . 浅谈中小型博物馆应如何利用“记忆”与“创造力”——以合浦汉代文化博物馆为例［A］. 广西壮族自治区博物馆 . 博物馆（记忆 + 创造力）= 社会变革——广西壮族自治区博物馆第六届学术研讨会论文集［C］. 广西壮族自治区博物馆，2013：10.

2. 部分资料整理自：福州新闻、合浦电视台、《北海晚报》、国际在线、新华网、北海电台 935、《广西日报》、中国水运网、合浦新闻网讯。

案例 13

陕西省西安市西安城墙景区：破解文化遗产保护与现代城市建设融合发展难题

西安城墙景区在统筹规划、多位一体的理念下探索文化遗产保护管理的科学工作体系，以合理地开发利用充分发挥出城墙遗产的历史文物价值、文化和旅游价值、城市服务价值。近年来，通过加入“国际金钥匙服务联盟”、实施南门区域综合改造、持续优化和丰富景区文化和旅游项目体系等多重努力，西安城墙景区成功破解了文化遗产保护与现代城市建设融合发展的难题，成为展示西安城市新形象的亮丽名片。

一、发展概况

西安城墙位于西安市中心区，是中国现存规模最大、保存最完整的古代城垣，是第一批全国重点文物保护单位、国家 5A 级旅游景区。

自 1983 年西安城墙首次大规模维修开始，从“维修明城墙、整治护城河、改造环城林、打通环城路”四位一体环城建设工程，到城墙、护城河、河岸、环城公园及顺城巷“五位一体”融合发展，再到南门区域综合改造，几十年来，西安城墙在深入推进文化遗产保护利用的实践中持续探索创新，将城墙保护融于城市建设，使城墙文化融入市民生活，成为破解文化遗产保护与现代城市建设融合发展难题的典范。

近年来，西安城墙以申报世界文化遗产和创建国家 5A 级旅游景区为目标，经过多年调研论证，以南门区域综合改造工程为契机，探索出“两个集成，四大体系，五位一体”的实施方案，形成了一套文化遗产的科学保护管理体系。通过文物保护展示、护城河历史风貌游览、南门区域立体式交通、南门城墙文化旅游活动这四大体系的建设运营，西安城墙的历史文物价值、文化和旅游价值、城市服务价值得到充分发挥，成为展示西安城市新形象的一张亮丽名片。

二、主要做法

（一）统筹规划，在实践中探索文化遗产的科学保护管理体系

一是出台规范性文件，使西安城墙遗产保护工作走上法治化健康轨道。为了加强西安城墙的保护和管理，推进西安城墙顺利申遗，2006 年年初，原西安市法制局联合西北政法大学制定了规范西安城墙保护与管理工作的地方性法规《西安城墙保护条例（草案）》（以下简称《条例》）。该条例经省、市两级人大批准，于 2009 年 11 月 1 日开始实施。《条例》以《中华人民共和国文物保护法》《中华人民共和国文物保护法实施条例》《陕西省文物保护条例》《西安历史文化名城保护条例》等法律法规为依据，同时参考了南京、开封、荆州等城市的做法，对西安城墙的管理体制、保护范围、保护范围内建设活动的审核以及保护和管理经费来源等问题做出了明确规定，是全国最早的古城墙专项保护法律法规之一。2015 年 4 月，《西安城墙保护总体规划》（以下简称《规划》）由陕西省人民政府正式公布实施，《规划》划定了遗址的保护范围和建设控制地带，提出了保护管理利用的具体措施和要求，西安城墙的法治化保护得到进一步完善。

二是建设城墙“智库”，以学术性研究为城墙保护工作提供智力支持。为进一步做好西安城墙的研究和保护工作，传承弘扬西安城墙文化，在国家、省、市文物部门指导下，“西安城墙历史文化研究会”于 2013 年 4 月 2 日正式成立。该研究会设立古建、历史、文化和规划四个课题小组，以开展年度课题形式为主，深入挖掘西安城墙文化内涵，开展城墙文物保护研究。成立仪式上，西安城墙景区管委会还分别与陕西省文化遗产研究院、西安建筑科技大学建筑学院、陕西文物保护专修学院签署了战略合作协议，共同致力于推进西安城墙文物保护管理和发展建设。此外，2018 年 11 月 1 日，中国城墙（西安）研究院在 2018 西安城墙文物保护亲近月活动的启动仪式上正式挂牌成立。该研究院以致力城墙文物保护、发掘历史文化内涵、扩大遗产公众宣传、拓展合作交流渠道、倡导社会力量参与、探索遗产保护与城市融合发展为己任，进一步推动了西安城墙保护和发展的科学化、规范化。

西安城墙与护城河[①]

三是多位一体，围绕城墙保护推进城市治理综合提升。以西安城墙南门区域综合改造为例，为改善现代化进程中的城市交通拥堵问题，同时优化西安城墙景区风貌，全面提升景区品质，2012 年，西安市委、市政府以南门区域为西安城墙保护提升示范区，全面实施文物保护展示和综合配套提升改造工程。该工程以“保护文物、传承文明、弘扬文化、提升城市、惠及百姓”为总体构想，对西安城墙本体及周边重要的历史建筑、文物古迹进行全面保护，开展丰富且具有时代性的文化形式，同时实施“八水润西安”工程、交通缓堵工程、园林美化工程等一系列民生工程、生态工程，扩大开放性景区的区域面积，使之成为百姓文化休闲的好去处。南门区域综合改造工程的具体实施方案，可概括为“两个集成，四大体系，五位一体”。所谓两个集成，一是文化集成，即以文保、文化为主线，将重大文保项目与一系列文化项目进行集成式组合，形成西安城墙大文化体系；二是机制集成，即以文化景区建设为龙头，整合资源，进行社会化、市场化运作，实现保护、建设、投资、管理、经营等多种体制机制的集成。四大体系，是指综合改造完成后形成文物保护展示体系、护城河历史风貌游览体系、南门区域立体式交通体系、南门城墙文化旅游活动体系。通过四大体系的建设运营，将西安城墙的历史文物价值转化为文化旅游价

① 图片来源：西安城墙官方网站。

值、城市服务价值，实现经济效益、社会效能的双丰收，实现文保、文化、旅游、生态、交通建设等城市发展要素的“五位一体”，实现保护、利用、建设、管理、运营体制架构的“五位一体”。

（二）合理利用，将文化遗产融于现代城市发展，融入市民生活

在对城墙墙体进行普查、巡查、监测、预警、维修维护、执法等文物保护工作的同时，西安城墙景区始终注重文化遗产的合理开发和有效利用，使之成为传承历史文化、完善城市建设的重要载体。

一是利用城墙景观构建新型城市空间。1983 年，与“四位一体”整修同步，西安市政府开始在明城墙和护城河之间的环城林带上修建环城公园，经过几十年的不断完善，如今已形成周长 14.6 千米、占地面积 1800 余亩、服务面积约 24 平方千米的规模。[①]公园以古城墙、护城河、环城林带景观为主要依托，先后建成松园、牡丹园、石榴园、樱花园、吉备真园、含光阁、迷宫、元梯、吊桥、南门月城等多个游览点，是本地居民进行运动健身、休憩娱乐等日常活动的主要场所。城墙为公园提供了核心的景观基础和文化内涵，公园则以提供活动空间的方式有效拉近了市民与城墙的心理距离，在潜移默化中发挥着传承城墙文化，延续城市记忆的重要作用。

如果说西安城墙外的环城公园是本地居民休闲活动的最佳选择，那么城墙内的顺城巷就是外地游客感受西安文脉、体验老城风情的好去处。顺城巷，顾名思义，是一段在城墙内侧顺墙而成的街巷，全长 12.7 千米。经过多次整改，如今的顺城巷不仅拥有书院门、碑林、湘子庙、东岳庙，卧龙寺、董仲舒墓等遗迹景点，汇集了秦腔、陕派相声等地方特色艺术，还集中了一批各具风格的青旅、食店、酒吧、咖啡屋。不仅在巍峨的古城墙脚下为人们提供了一个领略城市文化的休闲空间，也作为城墙与墙内古建筑之间的衔接空间，发挥了提高城墙周边景观一体性、城墙景区功能多样性的重要作用。

二是做大“旅游 +”，全面优化景区建设。为推进国际化人文景区建设，提高景区服务水平，2012 年，西安城墙景区加入“国际金钥匙服务联盟”，成为国内首家引入国际五星级服务理念及服务标准的景区。景区通过建设五星级卫生间、双层停车场等设施为游客营造舒适便捷的游览环境，以细致入微的

① 吕小辉，李启，何泉. 基于日常生活的城市公共空间的适应性设计——以西安环城公园为例［J］. 城市问题，2018（4）：43-47.

贴心服务为游客带来“满意 + 惊喜”的旅游体验。2017 年 1 月，“金钥匙国际联盟景区实习基地”在西安城墙景区落成，同年 12 月，西安城墙景区在“第二十二届中国金钥匙组织冬季年会”上荣获“服务第一”年度大奖。

此外，通过南门区域综合改造，西安城墙形成了内涵丰富、各具特色的三大旅游项目体系。其中，文物保护展示体系“一轴三楼三广场”，以永宁门（南门）南北轴线为中心，实施箭楼展示型修复，形成城楼、箭楼、闸楼完整的古代城防文物保护展示体系，同时建设南门文化礼仪广场、月城博物馆广场和瓮城文化演艺广场三大文化辅助项目，形成立体式文化文保集成；护城河历史风貌游览体系“一线二园六桥八码头”，以护城河建国门至朱雀门段 3 千米长的水域建设为主线，整体提升水位、水容和水质，建成新的水景水系。同时实施松园、榴园两个园林式配套服务设施建设，进行水岸护坡、六座桥梁景观改造和八个水陆码头建设，形成完整的西安城墙水上游览线旅游景区；南门城墙文化旅游活动体系“二馆一园一演出”，建设月城博物馆、箭楼博物馆两个专题场馆，同时改造提升西安环城公园，打造西安城墙入城迎宾文化演出《梦长安——大唐迎宾盛礼》，系统展示西安城墙的历史与文化。

三是以城墙为载体，举办丰富多样的文体活动。西安城墙新春灯会自 1984 年首次举办以来，已成功举办 30 余届。近年来，灯会结合 AR 等技术手段增强互动性和体验感，联合南京、上海等城市同时点灯，进行灯组交换展示，同时还整合各自优势资源，展示非遗手工、非遗表演、地方美食等代表性项目，极具地方民俗特色。据统计，2018 年城墙灯会接待全球 30 多个国家与地区的游客达百余万人次，单日游客接待量峰值达 4 万余人次。

西安城墙国际马拉松赛创办于 1993 年，是世界唯一一个将赛道设置在完整古城墙上的马拉松赛事，至今已连续举办 20 多届。赛事以“文化马拉松、群众马拉松”为定位，自 2015 年起，每一届城墙马拉松均对应一个曾在西安建都的朝代，将西周、秦、汉、隋、唐的代表性元素融入纪念奖牌的设计，既展现出“城马”的历史延续性，其“文化 + 旅游 + 体育”的赛事形象也愈加鲜明。据统计，2019 年共有来自 25 个国家和地区的 42331 名运动员参与西安城墙国际马拉松赛预报名。

2020 西安城墙国际马拉松赛现场①

自 2009 年 11 月 1 日《西安城墙保护条例》颁布以来，每年 11 月 1 日，西安城墙均会开展为期一个月的“文物保护亲近月”活动，通过向本地市民免费发放城墙门票、开展各类文保体验活动等方式，促进社会各界民众亲近城墙、了解城墙，树立全民文保理念，增强全民文保意识。

此外，每逢节庆、纪念日等特殊时间节点，西安城墙均会推出相应主题活动。以 2017 年为例，西安城墙景区共举办城墙游春、城墙武士系列文化展演、城墙·RAC 国际艺术展、城墙中秋节晚会、城墙元旦祈福跑、含光门博物馆文化展览展示、西安城墙 18 城门篆刻艺术展、秦封泥特展等 26 个主题活动，极大地丰富了广大市民游客的文化体验。

三、经验启示

（一）探索创新，将文化遗产保护与城市建设相融合

自 1983 年首次大规模维修开始，西安城墙景区始终在破解遗产保护与城市融合发展难题的实践中不断探索创新。2012 年的南门区域综合改造，在一体化建设的理念下将文物展示、文化建设、风貌提升、交通改造与旅游开发融于一体，使文化遗产的保护利用与现代化城市的发展建设相辅相成，形成了一整套科学的文化遗产保护和管理体系。

① 图片来源：西安城墙国际马拉松赛官方网站。

（二）利用有形的文化遗产承载无形的文化传承

在做好科学保护的基础上，西安城墙景区依托城墙墙体景观打造环城公园、顺城巷等城市公共空间，充分利用城墙的空间、景观和文化资源，推出系列特色旅游产品和多项文化惠民活动，既丰富了周边居民的文化和休闲生活，以及各地游客的文化和旅游体验，也充分发挥了延续城市记忆、传承城市文化、传播中华文明的重要作用。

参考资料：

1. 吕小辉，李启，何泉．基于日常生活的城市公共空间的适应性设计——以西安环城公园为例［J］．城市问题，2018（4）：43–47.

2. 部分资料整理自：西安市人大网、中国新闻网、《华商报》、新华网－陕西频道、人民网－陕西频道、《人民日报》、《光明日报》、搜狐号“据德游艺”、西安曲江新区美篇号、《西安日报》、新华网、新浪跑步、腾讯体育、西安新闻网、西安市曲江新区官方百家号、西安城墙官网。

案例 14

北京市首都博物馆：展览与修史修志并重，用文物传递历史智慧

近年来，首都博物馆围绕博物馆收藏、展示、研究三大职能，用以文物传递历史智慧的精神，不断推出精品展览，巩固首都博物馆展览品牌，从修史修志切入加强科研建设，以服务战略规划引领自身建设，在助力北京城市副中心文化建设和京津冀文化协同发展的同时有效扩大了自身的品牌影响力，为省市级博物馆的发展建设提供了经验参考。

一、发展概况

首都博物馆于 1953 年开始筹备，1981 年正式对外开放，原馆址在全国重点文物保护单位——北京孔庙。作为北京市“十五”期间重点文化建设工程，首都博物馆新馆建设项目于 2001 年 12 月正式奠基兴建，2006 年 5 月 18 日正式开馆。

近年来，首都博物馆贯彻落实 2014 年总书记来馆考察时的讲话精神，以《北京市“十三五”时期加强全国文化中心建设规划》为引领，制定六大战略，实施八大重点工程，一方面打好藏品基础，以精品展览巩固首都博物馆展览品牌；另一方面重视修史修志，不断加强科研建设和学术发展，在服务于国家和首都发展战略、履行博物馆职能的过程中发挥了传递历史智慧，激发民族信心的积极作用。

二、主要做法

（一）强站位、做规划，以职责使命引领高质量发展

2014 年 2 月 25 日，习近平总书记在首都博物馆考察参观，对博物馆做好历史文化展览工作作出重要指示。2016 年 6 月 3 日，北京市政府印发《北京市“十三五”时期加强全国文化中心建设规划》（以下简称《规划》），首次将加强全国文化中心建设规划列为市级重点专项规划。首都博物馆以总书记讲话

精神为指引，以《规划》为方向，把握国家战略和首都发展中的首都博物馆责任，围绕博物馆收藏、展示和研究三大功能，制定了《首都博物馆“十三五”时期规划》和各部门《三年行动计划（2018—2020）》，以高度的使命感和担当精神引领博物馆高质量发展。

一是立足长远发展提出六大战略谋篇。制定管理提升战略，以党建为龙头，从管理规范化、系统化、精细化出发，加强制度建设，全方位提升运行管理水平。制定人才发展战略，优化现有人才结构，分类指导人才培养工作，使人才的专业覆盖面、分工合理性、年龄梯次更加科学；创新人才培养机制，打造学术领军人才和专业运营团队；深化科研制度改革，强化支撑人才战略的制度保障和文化氛围。制定科研基础战略，发掘自身科学潜力，拓展与馆外科研资源的联动整合，着力强化科研基础和学科体系建设，全面提升科研学术能力和水平。制定品牌发展战略，在文物资源管理、系列展览、服务、教育、志愿者、业务团队建设、智慧博物馆建设、系列文创产品、文化消费模式、系列出版物、党群工作、管理模式与廉政风险防控等方面创建和提升首都博物馆品牌，形成整体品牌效应。制定“互联网 +”战略，以建设智慧博物馆为目标，在智能化管理和网络化呈现方面形成具有首都博物馆特色的“互联网 +”运行范例。制定国际化战略，向世界知名博物馆看齐，提升首都博物馆的国际化水准，实现国际视野中的新发展。①

二是围绕补短板扎基础实施八大重点工程。实施藏品征集与研究深化工程，主动寻找征集线索，畅通文物征集流程，以多种方式宣传、鼓励公众捐赠，强化可移动文物日常普查登记工作，探索可移动文物普查成果在科研、宣传、普及等方面的转化应用，有组织、分批次地对重点文物进行系统研究。实施馆史研究工程，收集馆史资料，明确研究规划，在首都博物馆建馆 40 周年之际推出系列馆史研究成果。实施基本陈列改陈工程，使改陈工作与公共空间服务功能提升协同推进。实施京津冀及“一带一路”历史文脉研究工程，整合馆内外资源，形成科研团队，有计划地推出成果。实施京津冀文博联动与学术平台建设工程，分享资源，创设共享平台，以合作创新为突破，积累国家展览在文博领域的实践经验和理论创新。实施博物馆管理创新工程，进行内部资源整合和结构功能调

① 白杰. 心有全局谋事 脚踏实地担当——在服务全国文化中心建设中规划“十三五”时期的首博发展［J］. 文物天地，2016（8）：4-6.

整，提高工作效率，同时积极稳妥地推进公众参与博物馆管理的实践探索。实施科研资源管理与支撑平台建设工程，加强对可移动文物普查成果的管理和应用，强化对馆内现有文博资源的管理与整合，努力实现数字化和便利化。实施以北京史研究为核心的学科体系建设工程，结合首都博物馆的功能定位、藏品体系、人才队伍等因素，规划首都博物馆科研的学科构成与体系架构，使首都博物馆成为北京乃至全国的北京史研究重要基地，以多种形式开展科研成果转化。①

（二）扎基础精策划，做好展览工作

一是确立三大临展主题，以精品展览巩固首都博物馆展览品牌。首都博物馆展陈由两大基本陈列、七个精品展览和其他临时展览构成。“十三五”时期，首都博物馆确立了“解读灿烂中华”“品鉴智慧北京”“世界文明互鉴”三大临展主题。从“畿辅通会——通州历史文化展”到“金玉满堂——京津冀古代生活展”；从“天路文华——西藏历史文化展”到“山宗·水源·路之冲——‘一带一路’中的青海”展；从“纪念殷墟妇好墓考古发掘四十周年特展”到“美·好·中华——近二十年考古成果展”；从“文艺复兴时期意大利艺术、文化和生活”展到“都市·生活——18世纪的东京与北京”展……首都博物馆充分发挥策展能力，以宏大叙事的历史感和出神入化的艺术感，围绕三大主题为首都市民，乃至全国人民和全球游客奉上一道道文化大餐。

首都博物馆新馆展厅②

---

① 白杰.心有全局谋事 脚踏实地担当——在服务全国文化中心建设中规划“十三五”时期的首博发展［J］.文物天地，2016（8）：4-6.

② 图片来源：首都博物馆官方网站。

此外，作为北京市中小学生“四个一”活动的接待单位，首都博物馆每年接待青少年观众近 10 万名。为了进一步做好这项工作，2014 年，首都博物馆原创推出为青少年量身定制的大型互动体验教育项目“读城”。该项目以系列主题展览为核心表现形式，用“读城”的理念将城市作为博物馆，把浓缩了的历史放大到人们生活工作的城市中，注入青少年的成长过程中，引导青少年了解北京的建城史、建都史，感悟北京的文化内涵，进而启发思考，激发创造欲望。目前该项目已陆续举办“追寻历史上的北京城池”“发现北京四合院之美”“探秘北京中轴线”三期展览。

“读城——探秘北京中轴线”展览开幕式[①]

二是做好藏品征集梳理，扎实研究展示基础。首都博物馆秉承“为了明天收藏今天”的发展理念，立足于城市博物馆的定位，高度重视北京近代、现当代藏品的征集工作，同时兼顾古代藏品征集，注重挖掘文物背后的故事，生动解读藏品内涵。例如，为了征集新冠肺炎疫情防控工作中的代表性、标准性物证资料，记录抗疫故事，承载城市抗疫历史，2020 年 3 月 18 日起，首都博物馆通过微信公众号、北京电视台、博物馆官网等渠道，面向全社会发出征集公告。此次征集地域立足本市，兼顾中央、解放军与武警、京津冀与湖北、武汉等方面，自公告发出后，社会各界反响热烈、踊跃捐赠。此外，为做好第一次全国可移动文物普查工作，首都博物馆用两年时间集全馆之力，对馆藏可移动文物进行了全面梳理清点，并建立了国内首个可移动文物普查成果线上展

① 图片来源：首都博物馆官方微博账号“首都博物馆的文化表情”。

示平台。该平台于2016年6月7日试运行，6月11日正式上线，参观者只需登录首都博物馆官方网站“可移动文物普查成果”平台，便可以浏览到文物的图片、年代、质地、文物来源、入藏时间等信息。此次树立清点工作，使首都博物馆真正摸清了“家底”，为首都博物馆加强展览和研究工作奠定了重要基础。

（三）重视修史修志，加强科研工作

首都博物馆始终高度重视加强科研建设和学术发展。以2018年为例，按照《首都博物馆“十三五”时期发展规划》和“首都博物馆学术发展三年行动计划”的要求，首都博物馆开展了围绕北京城、三个文化带、首都博物馆东馆及博物馆展览体系的系列研究工作；召开了全馆科研大会，并正式改组和成立了首都博物馆学术委员会，聘请历史、文物、考古、艺术、博物馆、档案、传播、城市规划、地方志等领域的30余位著名学者担任学术委员会委员，指导博物馆下一步的科研学术工作。据统计，2018年首都博物馆全馆员工在各级各类期刊发表论文119篇，出版图录专著14部，申请各级各类课题11项，学术科研工作在相关规划的引领下有条不紊地持续前进。

馆史研究方面，2018年，首都博物馆“口述历史”项目立项实施。该项目为期三年，项目通过“口述历史”的方法，从影像、记忆、文字记载等方面梳理博物馆自身的历史，包含老胶片资料数字化采集、亲历者口述采访、数字平台搭建、数据资料录入等内容。通过“口述历史”项目，不仅能为首都博物馆馆史修订提供补充内容，为馆藏文物提供背景资料，为展览展示提供内容支撑，为文物征集提供相关线索，同时也是首都博物馆在数字档案的留存保管及查找应用方面的有益探索。

北京史研究方面，2018年，首都博物馆在多年研究的基础上、吸收学界研究成果、融入馆藏代表性文物，编撰出版了讲述北京城市发展史的大众读本《极简北京史》，受到读者的关注和好评。同年12月29日，首都博物馆“蓟下博谈·公众课堂”晚场专题系列讲座推出特别活动——《极简北京史》签名赠书及北京史交流活动。活动中，与会观众就该书创作过程中关于北京史研究的若干问题与主要撰稿人首都博物馆研究馆员齐玫进行了交流讨论。

（四）助力城市发展，完善自身建设

一是适应国家战略和北京城市副中心功能，实施首都博物馆东馆建设项目。2019 年 10 月底，北京城市副中心剧院、图书馆、博物馆三大建筑及共享配套设施项目正式开工，计划于 2022 年年底竣工验收。作为三座文化新地标之一，首都博物馆东馆以以观众为本、做好功能分区、人性化、环保、智慧化运营、空间效率最大化为原则，将古运河图景中船、帆、水元素融入场馆设计，集收藏保管、开放式展陈、科学研究、社会教育、文保修复、文创互动等功能于一体，同时配套放映厅、报告厅、餐饮服务等服务设施，其建筑面积约为 9.7 万平方米，是完善北京城市副中心文化功能的重要组成部分。[①]

二是加强交流合作，助力京津冀协同发展。2015 年 6 月 23 日，首都博物馆推出"地域一体 · 文化一脉——京津冀历史文化展"。展览由北京市文物局、天津市文物局、河北省文物局主办，首都博物馆、天津博物馆、河北博物院承办，河北省文物研究所、避暑山庄博物馆、房山区文化委员会、大葆台西汉墓博物馆协办，是京津冀三地文博界首次协同合作、倾力打造的一场文化盛宴。展览汇集了京津冀三地的文物精品，揭示了京津冀地区在农耕文明与草原文明冲突与融合的背景下，联系日益紧密、最终走向一体化的历史过程。2016 年 2 月，首都博物馆与京津冀三地收藏家共同推出"首届京津冀民间收藏文化季"活动；2017 年 2 月，首都博物馆与河北博物院、天津博物馆、科学出版社合作创办的博物馆行业期刊《博物院》正式发行，刊物销售量逐年增加；2017 年 12 月，"印象昌平——2017 京津冀绘画邀请展"在首都博物馆亮相；2018 年 3 月，国家博物馆与首都博物馆、天津博物馆、河北博物院签订"1+3"战略合作框架协议，探索建立长效合作机制。同年 5 月，京津冀博物馆协同创新发展合作协议正式签约，提出促进馆际交流合作，提高区域文化协调发展水平，京津冀博物馆协同发展迈入快车道。

---

① 韩战明 . 新时代博物馆建设的若干思考——以首都博物馆东馆为例［J］. 文博学刊，2020（1）：51–54.

三、经验启示

（一）以传递历史智慧为导向完善职能建设

首都博物馆认真贯彻落实习近平总书记来馆参观考察时的讲话精神，以做好藏品征集、梳理为基础，运用多年积累的优秀策展能力，以北京历史文化为主体，辅以中华民族和世界各地历史文明，持续推出一系列精品展览，用文物讲述灿烂文明，不断巩固历史博物展览的首都博物馆品牌。与此同时，注重加强修史修志和科研建设，以首都博物馆馆史修订、北京史研究、京津冀及“一带一路”历史文脉研究为切入点，不断完善科研体系建设，传递历史智慧，增强全民族文化自信。

（二）以服务于战略规划引领自身发展

首都博物馆立足首都北京的重要城市地位，以服务于国家战略和城市发展规划为引领，将完善北京城市副中心文化功能、助力京津冀文化协同加快发展与博物馆自身发展规划和业务内容相结合，通过首都博物馆东馆建设项目、推出京津冀文化系列展览、京津冀博物馆联合创刊、签订京津冀博物馆协同创新发展合作协议等方式，不断加强自身建设，有效扩大了首都博物馆的文化辐射面，提高了首都博物馆品牌影响力。

参考文献：

1. 白杰 . 心有全局谋事 脚踏实地担当——在服务全国文化中心建设中规划“十三五”时期的首博发展［J］. 文物天地，2016（8）：4–6.

2.“口述历史”项目之“首博创业史（一期）”项目小记 . 首都博物馆论丛 . 2019–11–30.

3. 韩战明 . 新时代博物馆建设的若干思考——以首都博物馆东馆为例［J］. 文博学刊，2020（1）：51–54.

4. 部分资料整理自：国家文物局搜狐号、人民网 – 人民日报、人民网 – 北京频道、首都博物馆微信公众号、首都博物馆 – 首博快讯、新京报、中国经济网、光明网、河北博物院 – 本馆新闻、“印象昌平——2017 京津冀绘画邀请展”正式开展 . 人民网 – 文化频道、中国新闻网。

第三篇

红色记忆

井冈红旗[①]

① 图片来源：曲阳中泰园林雕塑有限公司官方网站。

案例 15

河南省鄂豫皖苏区首府烈士陵园和革命博物馆：以加强革命传统教育为核心，多措并举推动博物馆高质量发展

鄂豫皖苏区首府烈士陵园和革命博物馆，从多个维度加强自身建设，着力做好队伍建设、场馆改扩建、文物征集、安全管理与策展布展等工作，通过一系列方式讲好老区故事、传承老区精神，建成“红色基因库”。

一、发展概况

鄂豫皖革命根据地是土地革命战争时期中国共产党领导创建的全国第二大革命根据地。新集（今新县县城）是鄂豫皖苏区首府。在这里先后诞生了红四方面军、红二十五军、红二十八军三支主力红军。在血与火的斗争中，苏区共走出了多位将军，留下了董必武、徐向前、刘伯承、邓小平、李先念等老一辈无产阶级革命家的战斗足迹，谱写了一曲曲气壮山河的动人诗篇，为中国革命的胜利做出了不朽的贡献。

鄂豫皖苏区首府烈士陵园是全国建园时间早、烈士资料齐全、知名度高的烈士陵园之一。陵园建于 1957 年，是中华人民共和国成立后批建的第一批县级烈士陵园，占地 330 亩，由原国家主席李先念题写园名。1989 年 8 月，被国务院列为全国重点革命烈士纪念建筑物保护单位；2001 年 6 月被中宣部确定为全国爱国主义教育示范基地；2005 年被国家发改委、中宣部、国家旅游局列为全国百家红色旅游精品景点之一；2009 年被国家旅游局确定为国家 4A 级旅游景区。园内陈列和珍藏着朱德、邓小平、李先念、徐向前、许世友等党和国家领导人的亲笔题词及烈士遗物 4500 余件，安葬着 2000 余位革命烈士的英灵，纪念着鄂豫皖苏区 13 万革命烈士的丰功伟绩。

鄂豫皖苏区首府革命博物馆位于河南省新县城南凤凰山麓，始建于 1984 年，占地面积 288 亩，由主展馆、鄂豫皖苏区将帅馆、英雄山、大别山国防教育园四部分组成。馆名由原国家主席李先念题写。主展馆为仿古建筑，古朴

庄严，气势恢宏，基本陈列《红色大别山》全面系统地介绍了鄂豫皖革命根据地的斗争历史。鄂豫皖苏区将帅馆是全国唯一一座集中反映曾在鄂豫皖苏区战斗过的349位开国将帅事迹展馆。英雄山由入口广场、红旗飘飘雕塑、铁索吊桥、十亩桃园等组成。主题雕塑“红旗飘飘”，喻示着在大别山区诞生的8支红军队伍和在这块红色土地上进行的革命斗争生生不息，火种不灭，红旗不倒。大别山国防教育园陈展有中国工农红军的第一架飞机——“列宁号”模型机和已退役的坦克、大炮等兵器，是青少年接受国防教育的理想场所。

鄂豫皖苏区首府革命博物馆[①]

目前，该馆是全国爱国主义教育示范基地、全国百个红色旅游经典景区、国家一级博物馆、国家4A级旅游景区、全国人文社会科学普及基地、全国中小学生研学实践教育基地、河南省社会科学普及教育基地。2008年3月正式面向社会免费开放，每年接待游客达60余万人次，是河南省优秀免费开放博物馆。近年来，新县不断加大红色资源系统性保护和传承力度，对散布在全县境内的革命遗址群进行修葺保护和开发。2017年，鄂豫皖苏区首府革命博物馆晋升为国家一级博物馆。

① 图片来源：鄂豫皖苏区首府革命博物馆官方网站。

二、主要做法

（一）优化干部队伍建设，牢记“苏区”初心使命

习近平总书记在鄂豫皖苏区首府革命博物馆考察时强调，要开展“不忘初心、牢记使命”主题教育，党员、干部要多学党史、新中国史，自觉接受红色传统教育，常学常新，不断感悟，巩固和升华理想信念。鄂豫皖苏区首府旧址管理委员会以党建高质量促进发展高质量，强化政治引领、责任担当和作风建设，不断激发党员干部干事创业的热情。

一是深化主题教育学习。加强理论学习，持续深化“不忘初心、牢记使命”主题教育，落实“第一议题”制度，健全“三会一课”制度，把学习贯彻习近平新时代中国特色社会主义思想和重要讲话作为主线，把准努力前行的方向。印发《2020 年党建工作实施意见》，将县委理论（中心组）学习计划延伸到机关支部。落实“三重一大”议事决策制度，重大事项由党委班子集体研究。

二是强化纪律作风建设。始终将纪律作风建设挺在前面，认真履行“一岗双责”，为干事创业把舵护航。管委会党委召开全系统党风廉政建设暨“以案促改”工作会，特邀县纪委派驻纪检监察组参加。强化警示教育，注重建立长效，首府景区全系统风清气正，无一例违纪违规行为。

三是利用自身革命传统教育功能，更好履行公共服务职责。鄂豫皖苏区首府烈士陵园和革命博物馆认真学习全国博物馆纪念馆免费开放的工作会议精神，深刻领会《关于全国博物馆纪念馆免费开放的通知》所阐述的博物馆纪念馆免费开放的重要意义。充分认识到革命博物馆就应该利用自身革命传统教育功能，更好地履行公共服务职责，只有从服务精英文化转为服务大众文化，才能使博物馆更加融入社会，更加贴近群众、贴近生活、贴近实际，更好地彰显博物馆的社会公益性特征。

（二）推进场馆改扩建，加强“苏区”平台建设

一是全力推进首府路街区综合改造项目。改造内容主要是建筑物楼顶、外墙、门窗、广告牌（匾）、网线和古戏楼维修等，通过改造和优化存量资源，筑牢了“苏区”平台建设的基础设施。

二是博物馆提升改造建设项目。综合改善博物馆周边环境，完成博物馆新

主体展馆的规划设计方案，并完成地质勘测和旧展馆撤展。完成英雄山无塔供水和“红旗飘飘”主体雕塑喷漆工程。完成景区服务设施维修，新修内部循环公路30米，重新铺设英雄广场地砖。对馆区破损路面、墙面等进行了维修，重新布置了重点工程施工围挡，对景区内施工区域裸露的山体进行了重新覆盖，调整增加了主展馆展厅灯具，维修更换了部分室外亮化设施，对馆区部分绿化进行了提升，增添了大型宣传牌，对馆区汉白玉护栏、门窗等进行了清洗；重新改造了卫生间，更换了主展馆序厅的四度辉煌大屏、窗帘、绿植等。调整了展厅场景，重新打磨了主展馆走廊水磨石，对馆内绿化、宣传牌、台阶通道、广场亮化等进行了升级改造；配合县林业局，在英雄山栽植了一批映山红；更换了馆区内的各类标识牌，实现了3种文字的介绍说明。

三是陵园园区修缮工程。烈士陵园管理处以创建全国文明城市为抓手，对园内绿化和基础设施建设进行大力整治与提升，对园区花草树木进行更新、剪修、补缺；办公楼内外墙进行维修、楼顶隔热层翻新加固；新添5处垃圾回收池、水池等基础设施；对八一大门、革命烈士纪念碑等基础设施进行维修改造；对园内停车场及陵园后门路面进行硬化、规范；对停车场至纪念碑小道铺设条石路面；展厅调换部分展板、增设照明设施和整合陈展文物，园区的整体形象得到明显提升。

四是首府旧址纪念馆基础设施提升。①配合完成对旧址周边整治环境。对旧址两侧的管线入地处理，困扰旧址多年的线路安全隐患得到根治。②对展厅进行提升。展厅新贴墙布，全新制作展示沙盘，新购空调三部，景区所有空调外机加装保护罩，刷白了走廊和旧址以及领导人房间的墙壁。购置三台可移动紫外线消毒车用于房间霉味清除。展厅展品新制作了标识说明牌。在大别山干部学院专家的指导下调整展板15幅，新编写了讲解词，讲解员以新词进行讲解。③硬件完善提升。全面升级游客中心，配置了触摸屏、电视机。展厅更换六台触摸屏。接入光纤两条，做到景点Wi-Fi信号全覆盖。景点将标识系统按旅游标准化要求重新制作，所有工作人员新配工装工牌。④卫生清扫无死角。全体工作人员齐上手，对旧址屋顶、墙壁、展厅家具、窗户玻璃进行了彻底清扫。新增了果皮箱四个，景点垃圾随产随清。⑤对旧址纪念馆负责人和相关人员进行了调整，做到人岗相适。经过提升改造，旧址以全新的面貌面向游客，工作人员以饱满的热情开展工作。

五是首府旧址群陈布展提升工作。为落实建设好老区新县红色基因库的工作部署，结合首府旧址群发展需要，管委会邀请了三位专家召开首府旧址群陈展提升文字大纲研讨会。这次旧址陈展提升有中共中央鄂豫皖分局旧址、红四方面军总部旧址、鄂豫皖省苏维埃政府旧址等共计 6 处。

（三）加强文物征集工作，扩充“苏区”文物资源

根据陈展布展的需要，及时启动了“三年革命文物征集行动计划”，在媒体上发布征集公告，面向将帅子女及社会各界广泛征集文物。目前，首府景区“两馆一园”已征集革命文物 700 多件（套），并邀请文物鉴定专家进行了初步鉴定。聘请洛阳古代艺术博物馆文物修复专家，对国家一级文物《中国苏维埃第一次全国代表大会土地法令草案》进行修复。一级文物“血染的党证”成功入围“新中国 70 年，镇馆之宝 70 件”文物和档案故事网上征集活动“最震撼网民的 70 件‘镇馆之宝’”。

中国苏维埃第一次全国代表大会土地法令草案[①]

（四）扩充讲解队伍，打造“苏区”优质讲解团队

习总书记在景区考察时强调，要讲好党的故事、革命的故事、根据地的故事、英雄和烈士的故事，加强革命传统教育、爱国主义教育、青少年思想道德教育，把红色基因传承好，确保红色江山永不变色。因此，鄂豫皖苏区首府革命博物馆把讲解员队伍建设摆在突出位置，当作重中之重来抓，通过扩充讲解

① 图片来源：鄂豫皖苏区首府革命博物馆官方网站。

队伍、加强专业培训、新老讲解员“传帮带”、加强奖励机制等方式打造为观众服务的优质讲解团队。

一是扩充讲解队伍。为尽快宣传贯彻落实好习总书记视察指导新县的讲话精神，有效应对当前新县红色景区游客的井喷式增长状况，新县县委、县政府高度重视，人事部门积极配合，为首府旧址管委会增加了16个政府购买服务岗位，并面向社会公开招聘了新讲解员，开通了AR智慧讲解导览系统。二是加强专业培训。在讲解团队中牢固树立“以人为本”的社会价值观，把“服务社会、服务大众”理念灌输到头脑中去。充分利用鄂豫皖苏区首府革命博物馆的革命传统教育优势，让讲解员们熟悉鄂豫皖革命斗争史、了解艰苦的岁月、残酷的斗争、先烈的流血牺牲，使他们自己受到红色的感动、红色的震撼。然后再通过他们饱含激情、声情并茂的讲解去感染观众。同时，充分利用融媒体和新基础设施，开通首府景区公众号、抖音号和头条号，累计发布美文、美图和好视频200多条（次），做到天天有声音、时时有故事，常年固定关注量达5万人。开展导游讲解培训，参与声动新县《红色故事大家讲》、红色故事会、红色家书分享会并举办互听互评和讲解员技能大赛近30场，讲解服务能力和水平明显提升。三是营造新老讲解员“传、帮、带”“赶、帮、超”的良好氛围。四是苦练基本功，提高服务技能，熟练掌握讲解方法技巧，做到因人施讲、因时施讲。五是改革用人机制，免费开放后，对讲解员一律实行招聘制，工资待遇与绩效挂钩，实行结构工资（包括基础工资、考勤、讲解提成、奖金福利等），提高了讲解员的薪资待遇。六是出台奖励政策，对讲解员进行了星级评定，实施了工资待遇改革。鼓励讲解员积极参加全国、省、市组织的讲解员大赛。七是向观众发放讲解员讲解意见反馈表，对讲解员的讲解实行跟踪问卷，并与待遇和福利挂钩。以上措施极大地调动了讲解员干事创业热情，使他们进得来、留得住、干得好。

（五）加强策展布展，讲好“苏区”红色故事

经过多年的开放，基本陈列环境展览形式整体效果等方面已相对滞后，为了尽快改变这种现状，吸引更多的观众走进博物馆，鄂豫皖苏区首府革命博物馆启动了博物馆展览功能提升工程，功能提升内容包括基本陈列《风云大别山》提升改造，《鄂豫皖苏区将帅馆》新馆布展、周边环境整治与主题军事公园（国防教育园）建设。

重新调整主展区基本陈列《风云大别山》陈展布局，对展览内容和形式进行提升改造。全面反映鄂豫皖根据地创建、发展、壮大、坚持的历史，突出表现首府的领导地位，渲染大别山人民抛头颅、洒热血、坚持红旗不倒的革命斗争精神，主打“红色首府牌”。将专题陈列《千里跃进大别山》作为基本陈列《风云大别山》的有机组成部分，移至主展区陈展。重点反映刘邓大军千里跃进大别山这一重大历史事件，突出新县在这一重大历史事件中的地位和作用，主打“千里跃进牌”。专题陈列馆《鄂豫皖苏区将帅馆》，陈列当年从鄂豫皖根据地走出去或在此工作战斗过的350位开国将帅生平事迹。

此外，鉴于博物馆是河南省国防教育基地，在博物馆规划区内兴建主题军事公园《国防教育园》，作为博物馆的室外延伸展示部分。一是利用飞机、大炮、坦克等大型军事装备营造主题军事公园氛围。二是依山就势，复原在鄂豫皖根据地发生的、有一定故事性、地点又不在县城的典型旧址、遗迹，如红田、县府洞、便衣队训练班、白沙关等，增加体验性和真实性。三是开发表演或观众参与项目，如升旗仪式、军事训练、射击游戏、戎装骑马等，增加趣味性。

在将帅馆内新辟一个红歌演艺厅，把大别山民歌编排节目，每天演出，增加吸引力和参与性，形成博物馆的一个特色和品牌。

（六）加强文物安全管理，健全“苏区”文物安全管理体系

习总书记视察后，首府烈士陵园和革命博物馆继续强化安全责任意识，健全完善安全管理制度，完善技防、物防、人防的多层防范体系，加强安全人员培训和安全演练，强化安全值班和巡查管理，确保游客、文物馆舍及馆内公共设施的安全，各项管理工作井然有序。一是管好重要时点。在“元旦”“清明”“五一”“端午”“中秋”“十一”等法定节日期间，组织专人对供电、供水，游客防护设施进行安全排查和巡查值班，确保节假日期间游客生命财产、馆舍设施的安全。二是管住重点部位。聘请有资质的专业公司定期对智能安防、中央空调、消防设施和电梯等重点设施设备进行维护，排除安全隐患。三是管在关键环节。举办消防演练培训，邀请县消防大队和应急管理局举办全系统消防演练和业务培训。增强干部职工的消防意识，检验设备应用效能，提高处置突发事件的能力，夯实了安保基础。

三、经验启示

作为一个以革命为主题的专题性博物馆，鄂豫皖苏区首府烈士陵园和革命博物馆的做法可提供以下几点启示。

第一，鄂豫皖苏区首府烈士陵园和革命博物馆紧跟习近平总书记“传承好红色基因”的指示，贯彻落实习总书记在鄂豫皖苏区首府革命博物馆考察时的讲话，党员干部积极学党史、新中国史，自觉接受红色传统教育。这既有助于党员自身加强学习，加强爱国主义教育和革命传统教育，也有利于鄂豫皖苏区首府烈士陵园和革命博物馆的建设，以高质量党建促进博物馆高质量发展，激发党员干部干事创业的热情。

第二，依托革命时期的鄂豫皖苏区根据地，鄂豫皖苏区首府烈士陵园和革命博物馆主题鲜明，比普通博物馆更具有临场感，更能够将人物与事件的纪念内涵鲜明地突出出来，唤起参观者的历史责任感。为了讲好革命历史，更好地利用革命文物资源，该馆从讲解团队、文物资源、策展布展三方面入手，提升展览质量，打造独具特色的博物馆品牌，吸引更多人走进博物馆。

第三，鄂豫皖苏区首府烈士陵园和革命博物馆把加强基础设施建设修缮和文物安全管理作为重中之重，既提升了整体形象，给人更好的参观游览体验，又在物质基础上确保文物安全，保障该馆的平稳发展。

参考资料：

部分资料由鄂豫皖苏区首府革命博物馆提供。

案例 16

中共中央北京香山革命纪念地：核心资源互补，线上线下互联，打造红色纪念场馆建设发展新范式

香山革命纪念地由修葺完善的香山革命旧址与规划建设的香山革命纪念馆组成，自面向公众开放以来，在文物保护、展览展示、资源利用、管理机制等方面取得明显成效，为红色历史类纪念场馆的规划建设与运营发展提供了经验。

一、发展概况

中共中央北京香山革命纪念地位于北京市西郊，是中共中央在北京香山的革命活动旧址。香山革命纪念地红色底蕴深厚，1949 年 3 月 25 日，中共中央和毛泽东同志离开西柏坡进驻北京香山，这里成为党中央所在地。

长期以来，中共中央在香山时期的革命活动情况主要通过香山公园内的双清别墅、来青轩等 8 处革命旧址中集中展示。近年来，在北京市委、市政府的

香山革命纪念馆[1]

① 图片来源：香山革命纪念馆官方网站。

统筹协调下，北京市重新修葺位于香山公园内的革命活动旧址，在新建的香山革命纪念馆内设置基本陈列，专门集中展示香山革命历史。同时，依托文化和旅游科技手段加强线上虚拟场馆建设，逐渐形成了集文物保护、展陈展览、红色教育为一体的综合性专题红色革命纪念场所，成为弘扬首都红色文化的重要支点，为红色革命纪念场馆的创新整合发展提供了经验参考。

二、主要做法

（一）注重资源整合与功能互补，综合立体展示红色资源

香山革命纪念地包含香山革命旧址和香山革命纪念馆两个部分。其中，香山革命旧址位于香山公园内，由修缮复原的由双清别墅、来青轩、双清东侧平房、思亲舍、多云亭、小白楼、丽瞩楼、镇芳楼和镇南房等中共中央在香山的8处革命旧址组成。香山革命纪念馆紧邻香山公园，于2019年9月13日新建成并对外开放，是集中展示香山革命历史的重要场所。

长期以来，香山革命旧址仅有双清别墅与来青轩两处革命旧址面向公众开放，其他革命遗址均处于封闭待修缮的状态。为了更好地再现中共中央在香山时期的革命历史，北京市相关部门对香山革命旧址进行修缮复原，同时面向全国征集这一时期的历史文物，新建香山革命纪念馆进行综合展示，对党中央在香山停驻期间为新中国诞生而奋斗的光辉历史进行全景化呈现。

香山革命纪念地的两大组成部分分别隶属不同管理部门。香山革命旧址由香山公园管理处管理，管理处主要负责对双清别墅（原毛泽东同志办公居住地）、来青轩（原朱德、刘少奇、周恩来、任弼时同志办公居住地）、双清别墅东侧平房（原中央警卫处所在地）、思亲舍（原中共中央宣传部所在地）、多云亭（原中共中央宣传部所在地）、小白楼（原中共中央图书馆所在地）、丽瞩楼（原香山专用电话局所在地）、镇芳楼及镇南房（原中共中央办公厅机要处所在地）8处革命遗迹进行管理维护。香山革命纪念馆是设置基本陈列专门集中展示香山革命历史的场馆，由中共北京市委宣传部管理，市委宣传部主要负责香山革命纪念地遗址保护、文物管理、展览陈列、宣传教育、学术研究等工作。

自纪念地面向公众开放以来，通过整合各自资源优势，在文物保护、展览展示、资源利用等方面形成互补，共同围绕传承弘扬中共中央在香山停驻期间

革命精神，逐渐建立形成了联动协同的管理机制，红色核心资源得到进一步的保护与挖掘。同时，香山革命纪念地的开放，进一步挖掘了“为新中国奠基”这段时期的红色历史，丰富完善了北京红色旅游发展版图。

（二）注重强化文物保护，侧重讲好新时代的红色故事

对香山历史文物的保护、挖掘和利用是革命纪念地的工作重心。2019 年 9 月，习近平总书记视察时强调，要特别重视对香山革命旧址的维护、修缮和文物保护工作。香山革命纪念地在做好文物保护的基础上，进一步挖掘现有红色资源和拓展相关文物资源，丰富展陈形式，创新展示手段，讲好香山的“红色故事”。

修缮革命旧址，力求“原景重现”。香山革命旧址在修缮、重建、布展搭建的过程中，特别注重对文物的场景化布置。双清别墅自香山公园对外开放以来几经修缮，保存相对完整。而来青轩、思亲社、小白楼、丽瞩楼、镇芳楼等处一直未对外开放。长期以来，有的建筑年久失修，有的建筑已经不是历史原貌。为了能够全面准确地恢复历史原型，修缮重建“坚持 1949 年中共中央在香山时期的建筑原状”，从修缮材料的选用、修缮工艺的选择等多方面采取措施，同时将周边环境进行综合改造，最大限度保持和恢复中共中央在香山时期的历史原景，以此“原汁原味”地展现毛泽东等老一辈革命领导人在香山停驻期间的办公居住状态，彰显谦虚谨慎、不骄不躁、艰苦奋斗的优良作风。

历史文物展示，力求“全景”“深度”。香山革命纪念地的革命历史文物展览与史料征集利用部分，主要通过新建的香山革命纪念馆进行综合展示。其中，馆内的《为新中国奠基——中共中央在香山》主题展览是集中展示香山革命历史的核心部分。展览全景化地展示了中共中央在香山期间领导中国人民夺取全国胜利和党中央筹建中华人民共和国的光辉历史，按历史发展脉络共分为“进京‘赶考’”“进驻香山”“继续指挥解放全中国”“新中国筹建”“不忘初心、牢记使命、永远奋斗”五个部分，在展品征集、布展搭建、展示内容等方面体现三大特点：一是注重对革命历史文物史料的征集利用，展览展示的 1200 件文物及近万件原状陈列使用的摆件，由纪念馆筹备组工作人员在全国各地征集，进一步将中共中央在香山革命时期的历史文物进行挖掘保护；二是注重场景化的布展搭建，将重要文物的展示置于当时的场景中，配合光电、VR、AR 等科技手段，让文物“活”起来；三是注重展示内容的深度与独特性，例如，在展览中重点展出的领导人进驻香山乘坐的同款吉普车、渡江战役中解放军使用的木船、开国大典时悬挂的大红灯笼等展品，以及《北平和平解放》《西苑机场阅兵》《国共和谈》《渡江战役》《向全国进军》《中国人民政治协商会议》《人民英雄纪念碑》《开国大典》8部罕见历史影像纪录片，对参展观众有很大的吸引力。

来青轩革命旧址[①]

（三）发展智慧旅游，创新“云端”体验，优化公共服务

香山革命纪念地充分依托数字科技手段发展智慧旅游，通过创新“云服务”建设数字博物馆，优化数字公共服务途径和手段，打造“互联网 + 红色旅游”新模式。

一是充分发挥核心红色资源优势，积极打造红色旅游和爱国主义教育“云课堂”。例如，在新冠肺炎疫情期间，革命纪念地积极与当地中小学商洽，面向中小学推出“云课堂”网上参观展览活动，以“参观展览、学习红色历史、追寻伟人足迹”为主题，由馆内讲解员现场直播讲解展区内容。线上听讲的师生可与讲解员互动交流提问，形成了较好的互动效果。

二是开启线上红色“云游览”，打造智慧旅游新支点。例如，香山公园在微信公众号中推出“线上游香山”“香山云科普小课堂”等专栏，开设“红色历史大事件”“红色景点带您游”“红色故事我来讲”“红色展品带您看”等栏

① 图片来源：新华网客户端 2021-04-15，香山公园供图。

目，通过图片、文字、视频等方式展示中共中央进驻香山期间的红色历史。香山革命纪念馆也在其官网中开设“香山大事记”“问答互动”等版块，定期更新红色知识内容，深度介绍馆藏展品。“红色云游览”服务也逐渐成为深度了解香山红色历史、弘扬香山革命精神的重要支撑。

三是分时段线上“云预约”，营造良好参观环境。革命纪念地自面向公众开放以来，获得社会各界的高度关注，客流接待压力较大。通过实行实名制分时段全预约参观机制，开通官方网站预约、微信预约、电话预约等多种预约参观方式，实现了对参观游客的有效分流，形成良好的运营管理秩序。

在线下提供展览展示、内容讲解的基础上，通过 AR、VR 等文化和旅游科技手段将重要展品架在“云”端，提供虚拟展馆、云课堂、云游览、云预约、在线问题等线上服务方式，满足更多受众群体的需求。线上线下融合服务在新冠肺炎疫情等特殊时期发挥了特殊价值，实现了闭馆不停学、服务不断线，取得了良好的社会效果。

（四）立足初心教育，打造弘扬爱国主义传统的生动“课堂”

习近平总书记在十九大报告中指出，要在全党开展“不忘初心、牢记使命”主题教育。2019 年习近平总书记在视察香山革命纪念地时，进一步强调要缅怀这段红色历史，阐述在新时代持续开展“不忘初心、牢记使命”主题教育的重要意义和时代价值。

纪念地认真学习贯彻总书记视察讲话精神，挖掘核心资源优势，特别是注重通过主题党日活动、中小学红色研学旅行、公众爱国主义教育等形式，发挥其在“不忘初心、牢记使命”主题教育中的特殊价值，并且成为社会各界开展主题教育活动的重要场所。自 2019 年 9 月面向公众开放到 2020 年 4 月，革命纪念地已接待观众超过 200 万人次，接待 4000 多批次“不忘初心、牢记使命”主题教育团队，品牌效应和爱国主义教育阵地功能已经显现。

三、经验启示

习近平总书记在 2016 年 7 月视察将台堡红军长征会师纪念园时指出，革命传统和爱国主义教育基地建设一定不要追求高大全，搞得很洋气、很现代化，花很多钱，那就不是革命传统了，革命传统就变味了。总书记的这段讲话为红色革命纪念场馆的规划建设发展提供了指引和遵循。

自2019年面向公众开放以来，香山革命纪念地一是精准定位，突出香山革命历史文化资源在“不忘初心、牢记使命”主题教育中的特殊价值，通过整合红色资源，逐渐形成品牌效应。二是在做好文物保护的基础上，进一步挖掘现有红色资源和拓展相关文物资源，丰富展陈内容，创新展示手段，讲好香山的“红色故事”。三是集约化规划建设综合展览展示空间，实现了革命旧址保护和历史文物展陈的资源整合互补，在革命纪念场馆建设、革命文物征集利用、革命文化宣传展示、革命历史研究以及革命场馆运行管理等各方面提供了经验。

参考资料：

部分资料由香山革命纪念馆提供。

案例 17

江西省赣州市于都县中央红军长征出发纪念馆：活化利用红色资源，促长征精神永放光芒

中国共产党人和红军壮士用生命和热血铸就的伟大长征精神是我们最宝贵的精神财富之一。

江西于都中央红军长征出发纪念馆始终以讲好长征故事、传承长征精神为使命，一直以来不断完善基础设置建设、加强人才队伍建设，通过多种方式活化利用红色资源，组织开展多种多样宣教活动，让长征精神在新时代不断闪耀发光。

一、发展概况

中央红军长征出发纪念馆位于江西省于都县县城东门，中央红军长征第一渡是中央红军渡过于都河出发长征的八大渡口之一，毛泽东、周恩来、博古等中央领导人及其由中央机关组成的第一、第二野战纵队就是从这里迈出长征第一步的。中央红军长征出发纪念馆基本陈列以长征前夕中央红军在于都的主要活动以及中央红军长征历程为主线，充分体现中央红军被迫实施战略大转移的历史背景，红军在长征途中气吞山河、勇往直前的英雄主义和革命乐观主义精神，以及伟大长征锻造出的伟大长征精神。

近年来，中央红军长征出发纪念馆充分发挥全国爱国主义教育基地优势，采取多种手段和形式，不断拓展教育内容，整合教育资源，突出“社会主义核心价值观培育”的主题，对广大群众进行爱国主义教育；贯彻落实习近平总书记视察于都时提出的“不忘初心、牢记使命”和“新长征再出发”重要讲话精神，积极、主动地做好弘扬长征精神，传承红色基因，讲好红色故事等系列工作。

中央红军长征出发纪念馆建筑面积2000平方米，陈列采用图表、文字、照片、沙盘、油画、半景画、场景、多媒体等多种展示手段，全面展示中央红

军在于都集结出发这段历史，再现中国革命伟大转折及苏区人民支援红军的历史场景，是目前全国唯一展示中央红军长征出发历史的主题性纪念馆。

二、主要做法

（一）完善基础设施建设，加强“长征精神”平台建设

江西于都中央红军长征出发纪念馆始终坚持“保护为主，抢救第一，合理利用，加强管理”十六字方针，扎扎实实推动中央红军长征出发地纪念馆保护。完善中央红军长征出发地纪念馆设施，提升展示水平。聘请更为专业、高标准的物业公司，加强对纪念馆的管理，提升服务水平。

中央红军长征出发纪念碑[①]

文物载体也焕然一新。2011—2020 年，中央苏区革命旧址的很多濒临倒塌的文物建筑得到了及时抢救，同时，纪念馆整治了环境，排除了险情，配备了长期的文物管理人员，步入了良性轨道，同时促进了人们的文物保护意识觉醒。随着三级主体责任逐步落实，群众的保护意识进一步增强。过去公众文物保护意识模糊，苏区项目的实施，起到了很好的示范作用，老百姓有了实实在在的获得感，观念也在潜移默化中转变，很多人慢慢开始关注文物保护工作，主动咨询的人数越来越多。

① 图片来源：新华社客户端，新华社记者周密 2019 年 5 月 20 日摄。

（二）活化利用红色资源，助力“长征精神”创造性转化和创新性发展

为深入贯彻习总书记提出的“让文物活起来”，让全民获得更基本、更深层、更持久的文化浸润和滋养，推动经济社会的全面健康可持续发展，促进文物工作的创造性转化和创新性发展。

一是传承红色基因，讲好红色故事。首先，征集红色实物，挖掘红色故事，其次，利用网络平台，传播红色故事。特别重视突出长征出发地红色资源的创造性转化，不断拓宽爱国主义教育的宣传渠道，开展红色文化进校园、社区、基层、军营，传播红色文化。

二是以“爱国主义教育基地 + 艺术团队”的模式活化利用红色资源，组建了以红军后代为主力的长征源合唱团。该团主打《长征组歌》，旗帜鲜明地唱响长征精神。通过全国爱国主义教育基地这个平台，面向来自全国各地的游客展示长征文化的魅力。

三是以“爱国主义教育基地 + 文艺作品创作”的模式，组织全国文化文艺界的大咖创作了一大批以长征为题材的文艺文学作品。邀请原战友文工团老团长、著名的词作家、国家一级编剧王晓岭作词，青年作曲家胡廷江编曲，共同创作于都县县歌《红军渡　长征源》；邀请高级编辑、导演、词作家邹友开作词，著名作曲家李昕共同创作《永远的红飘带》。两首歌曲唱红全国，在央视音乐频道数次播放。歌曲的广泛传播在宣传于都、宣传长征精神的同时也增强了长征出发地人民的自豪感。著名作家彭学明创作的诗歌《于都河》让长征出发地的人民产生了巨大的共鸣，成为市民诵读的必选题材。

四是开展革命传统代代传主题活动。以“以爱国主义教育基地 + 社会培训机构 + 电视台”的模式，引导社会培训机构、电视台与博物馆合作共赢，培养了一大批小红星讲解员。出彩小主播是一家社会培训机构，该馆主动改变其原有的培训方式和培训内容，引入红色元素，馆内提供讲解词和场所，并给予适当的讲解指导。出彩小主播艺术团经过一年多的努力，为纪念馆输送了十余名能够在假期打卡 4 小时讲解服务的小红星讲解员，并通过电视台组织了一次红色故事电视大赛，有近 200 多个家庭参与，从报名到初赛、复赛、决赛层层发酵，在社会上引起了强烈的反响，电视台也找到了红色文化传播的切入点，准备每年与爱国主义教育基地共办红色故事电视大赛。

五是创新展示手段。江西于都中央红军长征出发纪念馆运用自媒体充分展

示纪念馆形象，提升影响力。通过抖音、今日头条、微信公众号等平台推介宣传于都，扩大影响力。

（三）组织开展宣教活动，推动“长征精神”深入人心

近年来，中央红军长征出发纪念馆充分发挥全国爱国主义教育基地优势，采取多种手段和形式，不断拓展教育内容，整合教育资源，突出“社会主义核心价值观培育”的主题，对广大群众进行爱国主义教育。

一是以重大纪念日为契机，组织开展丰富多彩的主题教育活动。于都县充分利用基地资源优势，组织团委、妇联、教育等部门广泛开展了内容丰富、形式各样的主题活动，并结合相关纪念日举办“学雷锋”“祭先烈”“党在我心中”等活动，突出未成年人的爱国情感教育。在党的群众路线教育实践活动及两学一做活动中，中央红军长征出发纪念馆结合实际特增设了“苏区军民鱼水情”专场讲解，通过近百场次的义务讲解，让广大干部充分了解，党在苏区时期就十分重视群众工作，正是因为党的干部关心群众、热爱群众，才得到广大群众的支持和帮助，才能在异常艰苦的条件下，最终取得长征的胜利，开创中国革命的新局面，从而在工作中进一步增强群众观念。

二是以加强和改进未成年人思想道德建设工作为目标，大力开展红色文化进校园、开学第一课等活动。近年来，于都县和中央红军长征出发纪念馆充分利用长征文化资源，着眼于陈展内容，大力开展“红色文化进校园 长征精神代代传”为主题的系列活动，通过组织学生观看《长征组歌》专场演出、聆听红色文化讲座、参观长征文化专题展、参观中央红军长征出发纪念馆、参加长征体验活动等形式，将传承和弘扬红色文化与加强思想道德教育有机结合，渗透到学生教育实践活动中。

三是与各基地、各单位开展共建活动。比如，积极配合好各红色教育基地开展宣教活动，并开设“弘扬四铁精神，走好新的长征”专题党课。各红色文化培训中心组织大批学员参观中央红军长征出发纪念馆，例如中国井冈山干部学院、井冈山红色文化研究院、吉安井冈山红色教育研究院、瑞金红色文化培训中心、瑞金市中央苏区红色教育培训中心、瑞金革命传统培训基地、瑞金红五星培训基地、瑞金干部学院等。各单位、高校纷纷挂牌。近年来，中国人民武装警察部队江西省总队赣州市支队、于都县公安消防大队、全国在沪商会工会联合、江西高校红色育人实践基地、江西理工大学工商管理学院等先后在纪念园举行教育基地挂牌仪式。开展了红色电影周、周末红色电影、红色故事及“长征从于都出发”临时展览进社区等活动，受到广大群众的纷纷点赞。

纪念园内的石刻[①]

四是组织馆内群工部同志积极参与省、市、县里各项活动。如讲解员“红色故事大赛”、“文明风采，百姓大舞台”、组工委的红色故事诵读、妇联举办的巾帼魅力女性读书会、于都县电视台举办的有奖问答、《成长 ING》栏目《我是小红军》、少儿红色故事大赛、七一红色家书诵读、农民丰收节、《红色故事会》等活动，同时还参与了于都县里重要接待的随车讲解工作。

（四）加强人才队伍建设，壮大“长征精神”讲解团队

江西于都中央红军长征出发纪念馆组织加强讲解员队伍建设，提升讲解员业务水平、专业素养。加强志愿者管理，提升志愿服务水平。由原来纪念馆与培训机构联动管理转变为纪念馆自主管理，使志愿者管理更加规范、高效。

此外，中央红军长征出发纪念馆还主动和社会培训基地合作，招募及培养红领巾小讲解员，近年组建了小红星讲解队。目前，该队共有小红星讲解员100 人，已义务讲解上千场。每到周末、节假日，小红星讲解员们就在中央红军长征出发纪念馆里讲述家乡的红色故事，传承长征精神。他们的每次亮相，精彩的讲解，得到来自全国各地的游客纷纷点赞。同时，小红星讲解实践活动也吸引了江西省、市媒体的关注，先后荣登《江西日报》《赣南日报》，接受

① 图片来源：新华社客户端 2019-05-21，新华社记者高皓亮摄。

江西教育电视台、赣州电视台、于都电视台的采访。

三、经验启示

江西于都中央红军长征出发纪念馆的建设，为我们提供了以下几点启示。

首先，重点加强基础设施建设。一方面，通过基础设施建设和整治工作，文物载体焕然一新，很多濒临损毁的文物得到了及时抢救，并配备了长期的文物管理人员，使该馆步入了良性轨道。另一方面，纪念馆的整治建设工作起到了很好的示范作用，群众的文物保护意识也进一步增强，老百姓有了实实在在的获得感，观念也在潜移默化地转变，很多人慢慢开始关注文物保护工作。

其次，重视长征出发地红色资源的创造性转化和创新性发展。方法上，创新展示手段，运用自媒体展示纪念馆形象，提升影响力。内容上，将爱国主义教育与文艺作品创作、艺术团队结合起来，以润物无声的方式宣传于都、宣传长征精神，展示了长征文化的魅力，增强了长征出发地人民的自豪感。

最后，重视宣教活动的开展。采取多种手段和形式，不断拓展教育内容，整合教育资源。纪念馆组建和培育讲解队伍，提升纪念馆讲解员业务水平，生动讲述长征故事，让长征精神深入人心。

参考资料：

部分资料由于都县中央红军长征出发纪念馆提供。

案例 18

江苏省徐州市淮海战役烈士纪念塔和淮海战役纪念馆：建好红色基因库，弘扬淮海战役精神的时代价值

近年来，淮海战役烈士纪念塔和淮海战役纪念馆全面贯彻落实习近平总书记重要讲话精神，打造了一支理论水平高、业务素质强的干部队伍。同时，立足于本地丰富的红色资源，不断加强场馆建设与内容打造，淮海战役烈士纪念塔和淮海战役纪念馆逐步建成了内容充实、形式多样的现代化红色纪念场馆。

一、发展概况

1948 年 11 月 6 日至 1949 年 1 月 10 日，中国人民解放军在以徐州为中心，东起海州，西止商丘，北至临城，南达淮河的广大地区，进行了伟大的淮海战役。淮海战役使国民党在长江以北的精锐部队基本被歼灭，为解放全中国奠定了胜利基础。淮海战役烈士纪念塔和淮海战役纪念馆的建设，不仅是光荣历史的见证，也是激励后人的丰碑。

1959 年，国务院决定在江苏省徐州市兴建淮海战役烈士纪念塔、淮海战役纪念馆，1960 年奠基，1965 年建成开放，占地 79 万平方米。后又陆续建设了淮海战役总前委群雕、淮海战役碑林、徐州国防教育馆、徐州抗日战争纪念馆等纪念建筑。

习近平总书记在淮塔针对传承红色基因做出的重要指示，是淮塔发展历史上的一个重要里程碑，为淮塔大力发挥红色文化教育作用创造了前所未有的机遇。淮海战役烈士纪念塔管理局以纪念淮海战役胜利 70 周年为主线，紧紧围绕“把淮海战役精神发扬光大”的中心任务，以“三创两提高”为工作目标，持续推进爱国主义教育基地、党性教育基地、国防教育基地、研学旅行基地“四个阵地”建设，全力以赴传承红色基因，将淮海战役精神发扬光大。

2007 年 7 月，经中共中央办公厅批准建设的淮海战役纪念馆新馆、淮海战役全景画馆建成开放。新馆建筑面积 2.56 万平方米，陈展面积 1.2 万平方

米，共展出文物、照片、图表近 3000 件，复原场景 9 个。全景画《淮海战役》画面周长 150 米，高 20 米，运用油画、地面塑型、声光电多媒体技术配合旋转观景平台，展现了淮海战役规模宏大、战场辽阔、战斗激烈、人民支前规模空前的不朽画卷，2009 年在第十一届全国美术作品展上荣获“首届中国美术奖·创作奖·金奖”。

淮海战役烈士纪念塔坐落在徐州市南郊凤凰山东麓，高 38.15 米。塔身正面，镶嵌着毛泽东主席亲笔题词“淮海战役烈士纪念塔”九个镏金大字。淮海战役纪念馆位于江苏省徐州市泉山区解放南路 2 号，陈列厅分为四个板块，分为序厅、战前形势、战役实施、战役胜利、人民支前、缅怀先烈、全景画馆七大部分，上下两层。其藏品是淮海战役历史的真实见证与生动记录，是深入了解淮海战役历史的珍贵资料。

淮海战役纪念馆[①]

二、主要做法

淮海战役烈士纪念塔和淮海战役纪念馆以贯彻落实习近平总书记重要指示、大力弘扬红色基因为使命，以建设精品工程为抓手，以弘扬淮海战役精神为主线，全力将淮塔景区打造成为综合性的国家级红色教育基地。

① 图片来源：淮海战役纪念馆官方网站。

（一）以习总书记重要讲话精神为指引，牢筑理想信念之基

淮海战役烈士纪念塔管理局多次开展“不忘初心、牢记使命”主题教育，党员干部深入学习贯彻习近平总书记关于主题教育的重要讲话指示精神，高标准开展、高质量推进，主题教育取得丰硕成果和宝贵经验。一是突出政治理论学习，党员干部知行合一的能力明显提升。二是突出强化党性锻炼，党员干部做到“两个维护”的行动更加坚定。三是突出担当能力培养，党员干部干事创业的精神状态极大提振。四是突出为民服务宗旨，党员干部一心为民的真挚情怀越发浓厚。五是突出清廉政治本色，党员干部纪律意识和规矩意识持续增强。

淮海战役烈士纪念塔管理局党组认真贯彻落实中央部署和江苏省、市委要求，把主题教育作为一项重大政治任务牢牢抓在手上，紧密结合工作实际，加强领导、精心组织，坚持标准、统筹推进，主题教育取得丰硕成果，主要有四个方面的特点：一是以上率下抓推动，二是聚焦主题抓学习，三是动真碰硬抓整改，四是全面覆盖抓支部。各级党组织继续在理论武装上下功夫，把学习贯彻新思想不断引向深入；继续在整改落实上下功夫，让群众感受到新变化新气象；继续在建章立制上下功夫，巩固和拓展主题教育成果；继续在服务大局上下功夫，扎实推动高质量发展走在前列。教育引导广大党员干部把“不忘初

淮海战役烈士纪念塔①

① 图片来源：淮海战役纪念馆官方网站。

心、牢记使命”作为必修课、常修课，把牢理想信念“总开关”，激发干事创业精气神，以更强意识、更多举措、更大作为，交出过硬答卷。

以这次“不忘初心、牢记使命”主题教育为新起点，淮海战役烈士纪念塔管理局进一步提高认识、端正态度，将主题教育作为一项政治任务常抓不懈。同时，扎实做好“传承红色基因、弘扬淮海战役精神”各项工作，筑牢理想信念之基，凝聚核心价值之魂，构筑文化引领高地，努力开创新时代红色事业发展新局面，为建设“强富美高”新徐州做出新贡献。

（二）以“淮海精神”为指导，推进淮海战役纪念馆设施更新

一是实施淮海战役纪念馆全面改陈。淮海战役纪念馆（新馆）建成于2007年，迄今运营12年，陈列理念、手段和设施明显落后、老化，而且基本陈列军事性、思想性、艺术性、互动性不强，与新时代社会需求不相符。为全面提升淮海战役纪念馆陈展档次和水平，纪念馆改陈工程已被纳入到市城建重点工程。邀请陆军工程大学、江苏师范大学等专家作为改陈小组成员，先后开展3次观众调研、4次座谈论证，完成改陈大纲的编撰工作。新的改陈大纲，将以习近平总书记参观淮海战役纪念馆时对淮海战役胜利原因及淮海战役精神内涵的阐述为指导思想，融入“听党指挥、依靠人民、团结协同、决战决胜”的新时代淮海战役精神，紧紧围绕“人民的胜利”这一主题，通过展示总书记指出的“战略战术的运用”“将士们的信心和勇气”“人民的支持与帮助”的战役胜利要素，再现淮海战役的伟大胜利、精神内涵与时代价值。目前，改陈大纲正在按照序时进度报送江苏省委宣传部和中宣部审批。2020年上半年，纪念馆重点做好改陈工程立项、招标和深化设计等工作；下半年闭馆进行项目施工。2021年7月1日建党100周年之时，纪念馆将正式对外开放。

二是有序推进标准文物库房建设。淮海战役纪念馆现有各类藏品26268件，其中，国家一级文物38件、二级文物144件、三级文物334件。淮海战役纪念馆建成50余年来，一直未建设标准化文物库房，目前将淮海战役全景画馆旋转看台下方6个不规则分散房间作为临时库房使用。为改善馆藏2万余件文物、藏品保护设施设备条件，发挥文物对传承红色基因、弘扬淮海战役精神推动作用，提升文物保护研究水平，纪念馆将按照国家文物局关于文物库房的设计标准，建设一座现代化、标准化文物库房，实现文物分库保管和保护，建立藏品监测管理系统，并配备恒温、恒湿、防火、防盗、防虫、防尘、防光、防震等设施。目前，已经完成文物库房选址，正在进行规划、设计、立项等前期准备工作。2020 年，纪念馆重点做好库房基建工作；2021 年，将安装、调试文物库房设施设备，正式投入使用。

（三）以“淮海精神”为主线，强化淮海战役宣传教育

淮海战役烈士纪念塔和淮海战役纪念馆通过举办展览、整理口述资料、编印书籍、新闻报道等方式，收集文物图片资料，生动再现淮海战役情境，缅怀革命烈士，讲好红色故事，弘扬淮海精神。

2019 年 12 月 9 日晚，由徐州市委宣传部、淮海战役纪念馆主办的“决战淮海 · 精神永存——淮海战役精神特展”在中央党校北校区礼堂前厅正式开展。在庆祝新中国成立 70 周年之际，在全党上下深入开展“不忘初心、牢记使命”主题教育之时，淮海战役纪念馆举办此次展览，通过文物、图片、数据、视频等，第一次系统阐释、生动展示了淮海战役蕴含的“听党指挥、依靠人民、团结协同、决战决胜”的伟大精神。一幅幅历史照片、一条条真实数据、一件件珍贵文物吸引了众多观众驻足。观众对展览给予了高度评价，认为展览主题鲜明，内容凝练，有气势，有深度，用事实说话，让史料发声，生动诠释了革命先辈的初心坚守和使命担当，具有极强的感染力和启示意义。

为传承发扬红色基因，2020 年，淮海战役烈士纪念塔和淮海战役纪念馆持续开展淮海战役亲历者口述史采访，整理口述资料，编印《淮海战役亲历者口述史》系列书籍；充分发挥淮海战役暨区域红色文化研究会、淮海战役历史文化研究中心等载体优势，发布研究课题、召开学术研讨会、编印论文集，强化淮海战役精神宣传研究；深入实施淮海战役精神“三进”教育工程（淮海战役精神进党课、党日活动进淮塔，红色故事进校园），与市教育局共同编写《弘扬淮海战役精神读本》，打造淮海战役精神地方课程。此外，还将积极邀请中央、省、市主流媒体走入淮塔，通过新闻报道、视频短片等多种方式，对淮海战役精神进行广泛深入的宣传报道，全力营造浓厚的舆论氛围。

另外，淮海战役烈士纪念塔和淮海战役纪念馆还配合中央电视台、新华社、凤凰卫视、江苏卫视等媒体摄制了反映淮海战役历史和精神的《国宝档案》《国家记忆》《淮海战役启示录》《丰碑》《东方出了个毛泽东——东方欲晓》等文献纪录片，取得丰硕成果。

（四）以“淮海精神”为基础，打造研学教育特色品牌

2019 年，淮海战役烈士纪念塔和淮海战役纪念馆与徐州市中小学展开合作，确立弘扬淮海战役精神教育基地群，广泛利用淮海战役纪念地、烈士陵园等现场开展革命传统教育，使学生深刻认识淮海战役胜利的历史必然性，激发情感共鸣，通过对历史事件的深刻挖掘、英雄事迹的传扬，激发学生强烈的情感共鸣，培育学生爱国主义情怀。通过主题教育实践活动，践行淮海战役精神，内化于心、外化于行。经过未来 3 年努力，将初步构建形成弘扬淮海战役精神教育体系，全市中小学普遍开设弘扬淮海战役精神地方课程，常态化有效开展主题实践活动，建成一批弘扬淮海战役精神示范学校。淮海战役烈士纪念塔管理局还与南京审计大学澄园书院共建爱国主义与革命文化教育实践基地，双方在口述历史的创作挖掘、志愿讲解服务、送故事进高校等方面展开长期友好合作，共同推动红色文化的传承。

此外，淮海战役烈士纪念塔和淮海战役纪念馆还出版了《追寻·传承》——淮海战役的一天研学夏令营指导手册，先后完成“缤纷冬日”冬令营暨“战地天使”研学教育活动、“淮海战役的一天”——研学夏令营等活动，举办“闪亮的名字”——首届全国以英雄名字命名的学校校长论坛暨红色教育媒体传播研讨会。

三、经验启示

淮海战役烈士纪念塔和淮海战役纪念馆的做法，为我们提供了以下几点启示。

首先，淮塔及纪念馆党员干部深入学习贯彻习近平总书记的重要讲话指示精神，多次开展“不忘初心、牢记使命”主题教育，通过政治理论学习锤炼党性，增强党员干部的纪律意识，激发党员干部为民服务意识和干事创业的精气神。

其次，淮海战役烈士纪念塔和淮海战役纪念馆一直以来扎实做好红色场馆建设与管理，近年来纪念馆的全面改陈工程更新了老化的场馆设施，改变落后的陈列理念和手段，增强基本陈列的军事性、思想性、艺术性、互动性，给观众以更强的临场感和沉浸体验。

最后，不断发掘、保护和利用淮海战役红色资源，整理编印书籍资料，加

强宣传报道，有助于传承红色基因，弘扬淮海战役精神。淮塔及纪念馆推出各色研学教育活动，与当地中小学校展开合作，编写地方课程，打造独特的研学教育品牌，有助于培育学生爱国主义情怀，也有助于淮海战役烈士纪念塔和淮海战役纪念馆提炼自身的品牌特色，以娱乐欣赏与教育相结合的方式，为公众提供更好的公益性文化产品。

参考资料：

部分资料由淮海战役烈士纪念塔管理局和淮海战役纪念馆提供。

案例 19

上海市中共一大会址：紧密围绕“初心”，筑牢主题教育精神高地

上海中共一大会址纪念馆被习近平总书记誉为“中国共产党人的精神家园”。近年来，纪念馆在做好革命遗址和文物保护的基础上，围绕“初心教育”策划实施“党的诞生地”系列服务活动，探索打造“阵地讲解＋志愿讲解”相结合的志愿服务体系，取得良好发展成效，其在丰富主题教育活动形式、探索多元讲解服务方面的经验做法，为革命遗址类红色纪念场馆的创新发展提供了经验参考。

一、发展概况

中国共产党第一次全国代表大会会址纪念馆位于上海市兴业路 76 号。1921 年 7 月 23 日，中共一大在上海望志路 106 号（今兴业路 76 号）召开，后转移到嘉兴南湖红船上闭幕，通过了党的纲领和工作决议，选举了中央局领导机构，宣告了中国共产党的诞生。

中共一大会议旧址在 1951 年踏勘确认，于 1952 年重新复原布置中共一大会址陈列，成立上海革命历史纪念馆第一馆，实行内部开放。1968 年正式更名为中国共产党第一次全国代表大会会址纪念馆，并向社会公开开放。如今，纪念馆隶属于中共上海市委宣传部，有关中共党史、中国革命史文物资料的征集、保管、陈列和中共创建历史进行研究以及对中外观众的讲解和接待等职能由市委宣传部承担。

中共一大会议旧址作为中国共产党的诞生地，在党史、共和国史中具有重要的地位和特殊的价值，是广大干部群众接受党性教育、践行初心使命的重要活动场所。习近平同志于 2007 年在上海工作 7 个多月，曾先后三次前往瞻仰一大会址，并围绕牢记宗旨使命、加强作风建设、做好党建工作等内容发表过重要论述。党的十九大闭幕仅 1 周，习近平总书记带领中共中央政治局常委瞻仰上海中共一大会址，重温党的光辉奋斗历程。

习近平总书记视察后，中共一大会址纪念馆紧密围绕全党上下深入开展的“不忘初心、牢记使命”主题教育活动，深入挖掘革命旧址的红色历史背景与文物背后故事，创新开展“党的诞生地”工程建设，进一步丰富爱国主义教育内容，并依托“阵地讲解 + 志愿讲解”两支队伍，合力“讲好中共一大的故事”，为事件类纪念性博物馆的创新发展提供了经验参考。

上海中共一大会址纪念馆外景①

二、主要做法

纪念馆牢牢把握弘扬红色文化、传承红色基因、做好“初心”教育的工作思路，通过创新服务形式，丰富服务内容，逐渐形成自身发展特色。主要做法有：

（一）以“初心”为主线，努力打造主题教育精神高地

习近平总书记视察后，纪念馆围绕“不忘初心、牢记使命”主题教育活动，自主策划“诞生地工程”系列教育服务项目，围绕爱国主义教育、党性教育、初心教育等主题，在馆内与馆外、线下与线上策划开展多类型专题活动，特别针对党员领导干部、青少年、社会公众等群体开展爱国主义和革命传统教

① 图片来源：中国共产党第一次全国代表大会会址纪念馆官方网站。

育，在全市范围内营造良好的红色氛围。

“初心”主题党课是纪念馆近年来针对广大党员干部创新策划的学习教育形式。为引导广大党员干部深入学习了解中国共产党的创建历史，纪念馆在2018年联手新天地UME影院，整合双方优质资源，组织开展“建党伟业”电影党课，以“党课+电影”的形式，共同打造独具内涵的“红色电影之旅”。联手《解放日报》、上海人民广播电台合作推出情景党课3.0版《初心与使命》，根据馆藏文物改编的“王根英的书包”等内容，用新故事、新剧目、新元素充实提升情景党课内涵。在此基础上，进一步创新服务形式，提供菜单式选片、选课功能，丰富红色教育内容。据统计，2019年全年共计开展16场不同主题的党课，来自19个基层党组织的800余名党员免费预约并聆听，该活动也成为广大党员干部深入学习中国共产党百年党史、践行初心使命的生动课堂。

针对青少年的“初心”教育是纪念馆服务的主要内容。为纪念五四运动100周年，纪念馆策划通过创新团课与创意视频的结合，开展微视频展评活动，吸引广大青年用镜头表现态度，用语言表达思想，拓宽团课的传播形式，展示青春正能量。为吸引更多中小学生接受“初心”教育，纪念馆自主策划“话说一大：听00后讲建党故事”研学活动，通过利用馆藏红色文化资源，组织江浙沪三地中小学骨干教师引导带领学生开展校外实践，通过实地参观或网络学习了解建党历史，用少年儿童自己的语言对建党故事进行再创作、再演绎，在研究性学习、转化性创作、创新性展示的过程中，让红色基因和革命传统在青少年心里生根结果。该活动荣获2019年度上海市未成年人暑期优秀活动项目。为纪念少先队建队70周年，纪念馆面向中小学生自主策划“小小讲解员，红色最强音”暑期实践活动，面向小学、初中学生遴选优秀学生代表成为中共一大会议旧址的一名“小小讲解员”，为观众提供200余场讲解服务。为庆祝新中国成立70周年，纪念馆邀请获奖选手为观众讲述红色故事，展现新时代青少年的风采。

（二）以“初心”为平台，夯实爱国主义教育基地发展根基

近年来，中共一大会址纪念馆立足会址在主题教育活动中的特殊地位，认真贯彻落实习近平总书记“一定要把会址保护好、利用好”的指示精神，通过加强文物保护、创新展陈方式、深入理论研究等途径，为“讲好中共一大的故事”提供管理保障与智力支撑。

对中共一大会址的保护管理和对中国革命史文物资料保管陈列是纪念馆的核心职能，也是中共一大会址纪念馆发挥爱国主义教育基地特殊价值的重要依托。中共一大会址是纪念馆的核心展示部分，对革命旧址的保护是纪念馆工作的重中之重，修缮后旧址按当年的模样进行整修和复制，进一步加强日常管理维护。《伟大开端——中国共产党创建历史陈列》是中共一大会址纪念馆的基本陈列，共分为五个部分展示内容，分别为“序厅：起点”“第一部分：前赴后继救亡图存”“第二部分：风云际会相约建党”“第三部分：群英汇聚开天辟地”“尾厅：追梦”，展厅面积 998 平方米。展览结合运用了文物、图片、图表、文摘、创意展项等多种展陈载体，全方位展示中国共产党建党的光辉历程。同时，结合重大历史事件纪念日等时间节点，纪念馆也策划开展临时陈列、流动展览，更好满足观众多样化、个性化的需求。

对中国共产党创建历史的研究工作是纪念馆创新开展各项活动的智库保障。近年来，纪念馆着重挖掘文物背后的故事，形成了一支独立专业的科研队伍。《上海革命史资料与研究》是由中共一大会址纪念馆的馆刊，创刊于 1992 年，是以发布中国共产党创建史和上海革命史方面重要文献资料及相关研究成果的读物，吸引行业各界专家学者开展业务交流研讨，具有一定行业影响力。同时，纪念馆特别注重科研成果的转化，近年来先后组织出版《伟大开端——中国共产党创建历史陈列》《中共创建史研究》《中共一大会址纪念馆故事》等专著 50 余部，为讲好红色故事提供了丰富素材。

上海中共一大会址内景①

① 图片来源：中国共产党第一次全国代表大会会址纪念馆官方网站。

（三）以“初心”为背景，“阵地讲解 + 志愿讲解”模式合力讲好“一大”故事

讲解服务是讲好红色故事的重要窗口，也是提升旅游服务质量的重要一环。近年来，中共一大会址纪念馆探索打造阵地专业讲解与志愿服务讲解相结合的讲解服务体系，在讲解水平和讲解服务上具有显著特色。

阵地接待讲解是宣教工作的主线，也是最能体现服务核心的工作。习近平总书记视察后，来馆观众接待量显著增加，在 2018 年年度参观量首次突破百万人次。据统计，2019 年全年累计接待观众达 1401257 人次，讲解 3364 批，开展现场教学 298 批，宣誓 3928 批，接待国内外重要贵宾团队 1588 批。全年接待观众人数同比 2017 年增长 71%。

中共一大会址纪念馆接待观众数据对比表①

2019 年	团体观众总数	个人观众总数	优先入场观众总数	外宾总数	学生总数
	537011 人次	830647 人次	33617 人次	22228 人次	104690 人次
分类占比	38.3%	59.2%	2.4%	1.5%	7.5%
同比 2018 年	↓ 12.9%	↑ 8.2%	↓ 1.3%	↑ 32.5%	↑ 39.8%

在日常接待讲解服务的基础上，纪念馆也在丰富讲解内容、创新讲解形式上进行探索创新。近年来，纪念馆推出增强服务功能的 10 项新措施，通过制定规范仪式教育、增加讲解场次、增配场馆资料、增设预约通道等举措，让观众体验到有温度的服务、有互动的社教、有内涵的展览。同时，对于涉外接待中存在的解说词过于标准化、不区别中外观众需求、未充分考虑外籍观众知识面、兴趣点等问题，会同有关部门拟定涉外讲解稿中文底版进行翻译，增设语音导览设备，提供更精准、更多样的外文讲解服务，进一步提升接待解说的精细化水平。

志愿服务讲解是“讲好一大故事”的重要服务形式，也是纪念馆讲解服务工作的亮点和品牌。在原有队伍的基础上，纪念馆于 2018 年开始首次面向社会公开招募专业志愿者团队。同年 7 月 1 日，“党的诞生地”志愿服务队正式

① 数据来源：上海中共一大会址纪念馆。

亮相，从 639 位报名者中选拔产生 54 位志愿者。志愿者们身着统一服装，参与宣誓教育、讲解接待、场馆服务、活动执行等不同岗位工作。

2019 年 8 月，为加强志愿讲解服务的标准化建设，纪念馆将成立 26 年的志愿者队伍统一更名为“党的诞生地”志愿服务队，并逐渐形成了专业化、系统化的志愿讲解服务体系。一是建设“志愿者管理系统”强化志愿服务管理，对接市志愿者协会大数据平台，以此更好地展示“党的诞生地”志愿者风采，做好志愿者考勤、考核、统计、数据分析等精细化管理工作；二是加强志愿服务的标准化管理，编写志愿服务工作手册，以便志愿者快速熟悉工作内容，提供标准化的服务；三是积极开展志愿服务专项培训，邀请专业师资为志愿者定期开展业务培训，不断提升志愿者在工作中的各种应变能力和服务意识；四是组织志愿者服务经验分享会，通过不同岗位上的志愿者之间相互交流，分享工作中的趣事和工作心得，提升团队凝聚力，为以后提供更完善的志愿服务打下良好基础。

“党的诞生地”志愿服务队以专业的讲解、温暖的服务赢得社会赞誉。据统计，2019 年共有 322 名志愿者参与志愿服务，累计为观众义务讲解 1494 批，总计服务时间 19067 小时，接待观众 140 余万人次，志愿队入选全国学雷锋志愿服务“四个 100”中“最美志愿服务组织”的上海推选名单。上海市委书记李强同志在了解志愿服务队有关情况后，做出“这支队伍可敬可佩，值得大家学习”的批示。

三、经验启示

中共一大会议旧址是中国共产党的诞生地，也是“中国共产党人的精神家园”。党的十八大以来，中共一大会址纪念馆立足自身独特的资源优势，在做好革命遗址和文物保护的基础上，一是以“初心”为主线，努力打造主题教育精神高地。紧密围绕全党上下开展“不忘初心、牢记使命”主题教育活动之机，特别针对党员干部、青少年、社会公众策划开展“党的诞生地”系列创新活动，进一步丰富了主题教育活动的形式，爱国主义教育基地的价值凸显。二是以“初心”为平台，通过加强文物保护、创新展陈方式、深入理论研究等途径，夯实爱国主义教育基地发展根基。三是以“初心”为背景，积极探索开展“阵地讲解 + 志愿讲解”的讲解服务模式，为讲好“一大”故事、传承红色基因提供了强力支撑，也为革命遗址类红色纪念场馆的创新发展提供有力借鉴。

参考资料：

部分资料由上海中共一大会址纪念馆提供。

案例 20

浙江省嘉兴市南湖红船、南湖革命纪念馆：盘活优势资源，创新产品供给，打造爱国主义教育“红船品牌”

嘉兴南湖红船是中国共产党的跨世纪航程的起点。近年来，南湖革命纪念馆以弘扬传承“红船精神”为发展导向，主动融入当地全域旅游建设进程，充分发挥区域红色旅游发展引领带动作用，逐渐形成红色旅游“全域化”发展格局。嘉兴南湖红船以红色文化体验为抓手，不断丰富当地旅游产品供给，努力实现爱国主义教育与旅游观光体验的有机融合。

一、发展概况

嘉兴南湖红船是中国共产党的诞生地。1921 年 7 月，中国共产党第一次全国代表大会由上海转移到嘉兴南湖一艘画舫上继续举行并闭幕，庄严宣告了中国共产党的诞生。

嘉兴南湖纪念船[①]

① 图片来源：新华社客户端，新华社记者徐昱 2020 年 10 月 27 日摄。

为纪念中共“一大”在南湖游船上胜利闭幕这一历史事件，在党中央指示下，当地1959年仿制当年“一大”开会的游船，后被称为“南湖红船”；并围绕“南湖红船”成立南湖革命纪念馆，以湖中烟雨楼作为馆址，“红船”陈列在烟雨楼下的万福桥旁。2006年新馆建设启动，由时任浙江省委书记的习近平同志奠基，并于2011年纪念建党90周年前夕落成开放。南湖革命纪念馆是嘉兴南湖中共一大会址的宣传、保护、管理机构，隶属中共嘉兴市委宣传部。

习近平同志高度重视传承弘扬“红船精神”。2005年，时任浙江省委书记的习近平发表文章《弘扬“红船精神”走在时代前列》，首次将“红船精神”提炼为：开天辟地、敢为人先的首创精神，坚定理想、百折不挠的奋斗精神，立党为公、忠诚为民的奉献精神。党的十九大闭幕仅一周，习近平总书记带领中共中央政治局常委瞻仰红船革命遗址，再一次号召全党上下要结合时代特点大力弘扬“红船精神”。

习近平总书记视察后，红船革命纪念馆依托南湖风景名胜区，进一步融入区域红色旅游城市建设和全域旅游发展进程中，通过创新服务形式，增强学习教育体验，形成了红色旅游发展的“红船”特色。

二、主要做法

在文化和旅游深度融合发展的背景下，南湖革命纪念馆注重发挥资源核心优势，将自身发展有机融入国家5A级旅游景区——南湖风景区的整体规划中，成为嘉兴市开展红色旅游城市建设和推进全域旅游发展的重要支点。主要做法有：

（一）以文化和旅游融合为抓手，主动融入红色旅游“全域化”发展格局

近年来，南湖革命纪念馆以文化和旅游深度融合发展为抓手，围绕弘扬传播红船精神，在发展思路上主动融入南湖风景名胜区的整体建设和嘉兴市全域旅游发展格局中，助推红色旅游标杆城市建设。

南湖红船作为中国共产党的诞生地，具有很强的资源独特性。同时，红船所在地嘉兴市历史悠久、文化灿烂，是中国江南文化的发源地及吴越文化的交融点，丰厚的历史文化底蕴也为红色旅游资源的协同开发奠定了基础。在此背景下，南湖革命纪念馆紧密依托南湖风景名胜区，进一步发挥其在红色旅游中的独特价值，以此推动当地旅游基础设施建设和旅游市场发育，为嘉兴推进全

域旅游发展注入活力。

以“南湖红船”为核心，深化推进红色旅游“全域化”建设。在嘉兴市打造全国红色旅游标杆城市的过程中，始终围绕南湖旅游区打造资源矩阵，并把“南湖红船”作为嘉兴红色旅游的核心名片。在此基础上，近年来，嘉兴市委、市政府出台《红色旅游标杆城市三年行动计划》，围绕强化规划引领、核心竞争力提升等八大工程着力推进基础设施建设和改善。在政策支持下，南湖旅游区将于 2021 年 6 月底前建成集国际交流、文化体验、红色教育、旅游休闲等功能为一体的“南湖新天地”，届时将进一步提升南湖革命纪念馆的基础设施和旅游服务水平。

（二）以“红船精神”为核心，打造丰富多彩的红色旅游产品体系

近年来，嘉兴市围绕南湖革命纪念馆，不断创新红色旅游产品供给，丰富红色旅游产品体系，特别是在红色精品线路策划、红色主题活动体验等方面努力实现爱国主义教育与旅游观光体验的有机融合，形成了独特的市场竞争力。

以南湖革命纪念馆为圆心，嘉兴市在 2020 年年初推出《嘉兴红色旅游》2.0 版宣传册，将重点红色旅游景区（点）从 42 个点拓展至 70 个点，并进一步完善“首创之旅”“奋斗之旅”“奉献之旅”3 大主题 12 条精品游线。例如，近年来重点打造“重走一大路”红色文化体验游项目。该项目是南湖风景名胜区依托南湖革命纪念馆精心策划的旅游产品，融学习教育和文化体验于一体。参观者先到当年中共“一大”代表们乘船的渡口，开始中国革命红船起航之地的体验，在湖心岛近距离参观南湖红船，回顾中共一大的红色记忆，然后再到南湖革命纪念馆重温入党誓词，参观主题展览。游客通过一堂 45 分钟的“水上党课”从参观游览到深度体验，重温当年历史场景，感悟一大光辉历程。

近年来，南湖景区围绕“南湖红船”，逐渐形成四大红色旅游产品，即“不忘初心、牢记使命——南湖初心体验之旅”“心系红船重走一大路——南湖党性教育培训”“红船寄情少年初心——南湖红色研学之旅”“烟雨楼前红色记忆——南湖红色文创之旅”，针对党员干部、青少年群体重点发力，以红色培训教育、研学旅游等寓教于乐的形式，进一步弘扬“红船精神”，强化“初心”教育。

同时，纪念馆以红色旅游为切入点，与周边区域合力打造独具特色的夜游线路。游客在南湖游览体验后，沿线路去梅湾街的南门头品尝嘉兴美食，晚上再体验环城河夜游项目，通过吸引游客参与“南湖”夜游，进一步拉动提升当地“夜经济”发展。

此外，依托“南湖红船”，嘉兴市积极推进红色旅游“走出去”，着力推动红色旅游的跨区域合作和联动整合发展。牵头上海、嘉兴、吉安、遵义、延安五地组成的红色旅游合作联盟，联合打响红色旅游融合新品牌，联合开发红色旅游精品新线路，打造红色旅游培训新课堂，拓展红色旅游产品新营销，构建红色旅游服务新体系，进一步壮大发展红色旅游的竞争力与影响力。

据统计，2019年，南湖旅游区共接待游客约538.78万人次，同比增长12.32%。据有关在线旅游平台数据显示，2018年嘉兴在全国红色旅游目的地中排名第六，嘉兴南湖景区在红色旅游热门景点中排名第六。景区围绕“南湖红船”和南湖革命纪念馆，逐渐发展成为以红色旅游为基础，带动多元旅游业态融合发展的综合性旅游目的地。

（三）以弘扬“红船精神”为基础，筑牢红色旅游发展根基

近年来，南湖革命纪念馆集中聚焦“红船”核心资源，在文物保护、展览展陈、宣传教育、学术研究等领域创新形式，加强积淀，充分发挥爱国主义教育基地的社会价值，取得良好的综合效益。

纪念馆专题聚焦建党之初的光辉历史，精心策划“开天辟地”和“光辉历程”两个固定展览，集中展示中国共产党创建的历史背景和过程，体现南湖革命纪念馆作为党的诞生地纪念馆的地方特色。同时，结合党的重大方针政策及社会宣传教育热点，不断推出主题鲜明的主题展览、临时展览。

对于“红船精神”的学术研究和宣传教育也是纪念馆的重点工作。近年来，纪念馆定期出版馆刊《南湖革命纪念馆馆刊》，同时组织一批专家学者整理、编辑出版了《中共一大南湖会议》《党的航船从这里扬帆》等学术著作，为传播“红船精神”、做好宣传教育提供学术支持。同时，纪念馆也鼓励业务人员开展有关中国共产党诞生地、中共创建史、陈列展览、讲解接待、文物保护等学术研究，在全馆内形成良好的学习研究氛围。同时，纪念馆围绕弘扬传播“红船精神”，自主培养一支讲解服务好、理论水平高、专业能力强的讲解员队伍，主要从事政务接待讲解、社会公众宣讲等讲解服务工作，着力讲好新时代的“红船故事”。除专业讲解外，纪念馆也积极联合当地学校，以红色研学的形式，共同举办“红船小讲解”暑期体验营，学生经过培训后成为红船小讲解员，为游客提供特色讲解服务。

南湖革命纪念馆①

如今，红船革命纪念馆不仅是广大党员干部、社会团体、青少年学生进行爱国主义教育和革命传统教育的重要基地，同时也成为党员干部接受反腐倡廉教育的重要阵地和广大人民群众增强反腐倡廉意识的重要场所。目前，南湖革命纪念馆是全国爱国主义教育示范基地、全国青少年教育基地、全国廉政教育基地、全国重点文物保护单位。

三、经验启示

一方面，红色旅游发展要兼顾社会效益和经济效益，谋取综合收益。习近平总书记强调，革命传统和爱国主义教育基地建设一定不要追求高大全，可以通过传统教育带动旅游业，但不能失去红色旅游的底色。进一步说明，红色旅游发展既要注重发挥好爱国主义和革命传统教育价值，追求良好的社会效益。同时，也要依托资源核心优势，主动融入区域经济社会发展大格局，在旅游景区建设、推进全域旅游的进程中发挥带动作用，努力谋取综合收益。

另一方面，要深入挖掘红色资源，丰富旅游产品供给。习近平总书记视察后，南湖革命纪念馆进一步突出弘扬传承“红船精神”的发展导向，在思路上

① 图片来源：浙江新闻客户端。

主动融入当地全域旅游发展格局，助推嘉兴市全域旅游示范区建设，基础设施建设和旅游服务水平得到进一步改善。同时，以红色教育为基础，围绕红色文化体验打造丰富多样的旅游产品，努力实现爱国主义教育与旅游观光体验的有机融合，形成了独特的市场竞争力，逐渐在全国红色旅游版图中树立起“红船”特色品牌。

参考文献：

部分资料由文化和旅游部资源开发司提供。

案例 21

宁夏回族自治区将台堡红军长征会师纪念园：以传承弘扬长征精神为主基调，推动红色旅游创新发展

近年来，将台堡红军长征会师纪念园积极发挥红色文化旅游引领作用，努力通过传统教育发展带动旅游业转型发展，对内推动资源集聚，深挖革命文化内涵，以传承弘扬长征精神为根基，着力构建爱国主义教育基地型红色旅游景区，对外拓宽红色旅游发展渠道，合力打造红色旅游胜地，为红色历史文化纪念场馆的转型发展提供了经验。

一、发展概况

将台堡红军长征会师纪念园位于宁夏回族自治区固原市西吉县城南 30 千米处的将台堡镇。将台堡红色历史悠久，是中国工农红军两万五千里长征的重要节点。1936 年 10 月 22 日，中国工农红军一、二、四方面军在将台堡会师，标志着红军长征胜利结束。

将台堡红色旅游资源丰富，是六盘山红军长征红色旅游系列景区的重要组成部分。经过升级改造，将台堡三军会师纪念馆与中国工农红军长征将台堡会师纪念碑，与新建将台堡革命遗址公园、红军长征民族工作档案展馆等景点一起，共同组成将台堡红军长征会师纪念园。

近年来，将台堡红军长征会师纪念园密切围绕贯彻落实总书记视察重要讲话精神，进一步挖掘长征红色文化内涵，加强与周边长征革命旧址整合发展，与将台堡革命旧址、兴隆镇单家集红军长征遗址等革命纪念场所形成西吉红色旅游特色景区。目前，将台堡红军长征会师纪念园被列为全国爱国主义教育示范基地、国家国防教育示范基地、全国重点文物保护单位和全国红色经典旅游景区。

二、主要做法

（一）发挥红色集聚效应，成为弘扬新时代长征精神的重要爱国主义教育基地

围绕“传承弘扬长征精神”这一红色旅游发展主题，纪念园通过对内整合资源、对外拓宽渠道，逐渐形成红色文化和旅游融合发展的核心优势。

对内推动资源集聚，深挖革命文化内涵，以传承弘扬长征精神为根基，着力构建爱国主义教育基地型红色旅游景区。将台堡三军会师纪念馆是纪念园的基础组成部分，馆内辟有红军指挥部旧址、现代成就展室、饮水思源等主要展区。将台堡红军长征会师纪念碑是1996年10月在纪念红军长征胜利60周年之际落成，是举办革命纪念活动的主要场所。在既有核心资源的基础上，纪念园积极推进将台堡革命遗迹的保护利用，新建将台堡革命遗址公园。同时，深入开展当地革命历史史实研究工作，建成中南海情系西海固展馆、红军长征民族工作档案馆、红军长征与统一战线展厅等特色展览展区。通过内在推动资源整合，逐渐形成集历史文物展示、革命活动纪念、红色历史研究、红色文化体验等为一体的革命传统教育与爱国主义教育基地。

通过集聚整合当地红色旅游资源，纪念园逐渐将将台堡革命遗址、兴隆镇单家集红军长征遗址等遗址遗保护纳入一体化发展格局中，对红军长征在西吉地区的革命遗迹形成较为完整的保护。同时，纪念园结合“走好新时代的长征路”伟大号召，深挖长征精神的时代内涵，探索开展长征期间的统一战线工作等史学研究，建成红军长征民族工作档案馆、红军长征与统一战线展区进行展览展示，纪念园由此获评“第六批全国民族团结进步教育基地”。

对外拓宽红色旅游发展渠道，合力打造红色旅游胜地。积极融入自治区“十三五”全域旅游发展规划，与周边省市的六盘山红军长征景区、同心红军西征纪念园、中华回乡文化园等景区协同建设，共同开展宣传营销，联动完善红色旅游基础设施及配套服务体系，形成红色文化和旅游集聚化、一体化发展效果。

纪念园通过深度挖掘长征红色文化资源，联合打造长征红色文化旅游品牌，将红色底色擦得更亮。据统计，2019年纪念园接待游客达86万人次，已经发展成为弘扬长征精神、开展革命传统教育和爱国主义教育的重要场所。

中国工农红军长征将台堡会师纪念碑[①]

（二）政府倡导规划先行，促动旅游基础设施建设与公共服务保障得到改善

近年来，西吉县以将台堡红军长征会师纪念园为核心，出台系列红色旅游发展总体策略，编制结合本地实际的红色旅游发展规划及相关配套政策，进一步完善红色旅游基础设施和配套服务功能，着力打造具有自身特色的红色旅游目的地。

围绕将台堡红色文化和旅游资源，西吉县积极推动全域旅游示范县建设，在 2017 年出台《关于加快发展全域旅游的实施意见》，以“开放、富裕、和谐、美丽”为发展目标，打造“天高云淡六盘山、多彩西吉分外娇”的旅游宣传品牌，建设长征精神教育基地。

启动实施县级红色旅游经典景区发展规划，编制将台堡红色旅游镇规划，启动“中国红色将军纪念馆和长征胜利会师和平玫瑰小镇建设工程”项目建设，确定了以实施红色旅游小镇、和平玫瑰小镇建设为依托，把将台堡建设成西吉县经济社会发展次中心。此外，依托“新长征”伟大号召的持续影响力和将台堡革命文化的历史地位及品牌效应，进一步挖掘“西海固”红色文化内涵，积极构建“红色 +”的特色产业体系。

---

① 图片来源：新华社客户端，新华社记者冯开华 2019 年 8 月 11 日摄。

在“全域化”发展红色旅游的基础上，借政策东风深入完善旅游基础设施，补公共服务保障短板。例如，近年来先后启动将台堡小城镇建设棚户区改造项目，推动会师广场、将台堡生态停车场建设，并对纪念园周围建筑结合红色主题进行了整体设计改造提升，新开通了以红色元素或历史名称命名的会师路、长征路、胜利路等红色旅游公路，全面扩开城镇路网，进一步提升旅游服务品质和水平，也为当地居民生产生活、带动特色产业发展提供了重要保障。

（三）探索“红色旅游 +”新路径，成为带动革命老区经济转型升级、精准脱贫的重要引擎

纪念园地处黄土高原中心地带，生态环境脆弱，经济发展水平不高。截至2019 年年末，西吉县还未实现脱贫“摘帽”。机构改革以来，西吉县已经充分意识到红色旅游在带动产业融合发展、推动经济转型升级中的重要作用，积极推动红色旅游与扶贫攻坚战略结合，重点依托将台堡红色旅游资源优势，以纪念园为核心，积极推动红色旅游与休闲观光农业、民俗文化体验、户外拓展等项目深入发展，探索“红色旅游 + 乡村旅游”融合发展新模式。

例如近年来建成的将台堡·红军寨红色文化体验项目。该项目坐落在纪念园周边的将台堡镇毛家沟村，依托当地浓郁的红色旅游氛围，规划建设了红色窑洞宾馆、户外营地区、红色主题餐厅、红色主题体验区、会师湖水上拓展区、秉慧书院及现代农牧业体验区等区域，发展将台堡三军会师主题农家乐，新建温棚种植四季蔬菜为游客提供休闲采摘，并开发毛家沟特色的小秋杂粮、食用油等农副产品，走出一条特色旅游发展之路。同时，该村特别围绕红军长征主题，打造了一条 2.5 千米浓缩景观，从毛家沟到将台堡红军长征会师纪念碑的线路，依次建有过草地、爬雪山等景观，再现当年红军长征情景，并提供免费讲解服务。此外，在线路中途设有小吃店、农产品购物店等。在重走“长征路”的途中丰富游客的购物体验。

目前，该县围绕将台堡红色旅游资源，加快旅游资源开发，初步形成了以将台堡红军长征会师纪念园为主体，带动周边火石寨国家地质（森林）公园和吉强镇龙王坝等为代表的生态自然观光、乡村旅游等业态实现快速发展。同时，积极鼓励当地居民围绕红色旅游大胆创新创业，融入红色旅游发展的链条环节中。近年来，纪念园周边的 5 个村庄 1300 多人已经吃上了红色“旅游饭”，走上旅游脱贫致富路。2018 年，全县共接待游客 103.96 万人次，营业收入 4177.81 万元，取得了良好的社会效益和经济效益。

三、经验启示

（1）红色革命纪念场馆的建设发展要以弘扬革命传统、开展爱国主义教育为核心要义。习近平总书记强调，革命传统和爱国主义教育基地建设一定不要追求高大全，搞得很洋气、很现代化，花很多钱，那就不是革命传统了，革命传统就变味了。纪念园紧紧抓住红军长征会师纪念地这一核心资源优势，紧密结合时代发展要求，重点围绕缅怀长征革命先烈、传承弘扬长征精神为主基调开展场馆的规划建设和策划主题活动，进一步凸显纪念园作为爱国主义教育基地的教育价值。

（2）红色革命纪念场馆的转型发展要善于通过传统教育带动旅游业创新发展。习近平总书记强调，可以通过传统教育带动旅游业，但不能失去红色旅游的底色。近年来，纪念园围绕自身资源进一步精准定位，在做好主业的基础上，重点开展红色旅游“全域化”发展工作，在旅游基础设施建设、规范旅游服务体系、红色旅游品牌联合营销等方面精准发力，创新打造多样化的革命传统教育和红色文化体验活动，成为全国开展传承弘扬长征精神的重要爱国主义教育基地。

（3）红色革命纪念场馆要积极发挥红色旅游发展的主力军作用，为增进当地民生福祉、推动经济转型升级助力添彩。红色旅游的开展与当地经济社会的综合发展紧密相连。近年来，西吉县围绕长征会师纪念园带动当地红色旅游蓬勃开展，辐射拉动生态观光、文化体验、乡村旅游等多业态融合发展，让更多百姓吃上“旅游饭”、鼓起“钱袋子”，经济发展结构渐趋优化，为当地实现精准脱贫注入新活力。

参考资料：

部分资料由文化和旅游部资源开发司提供。

案例 22

江西省井冈山：“红绿金蓝古”联动协同，助力革命老区脱贫致富

从中国革命的起点到走在中国全面脱贫奔小康的前列，井冈山市立足自身深厚的红色文化积淀，结合新的时代条件，坚持以红色旅游引领乡村旅游、教育培训、度假休闲、民俗体验等多业态融合发展，在全国率先实现脱贫“摘帽”，为革命老区脱贫致富提供了“井冈山”经验。

井冈红旗雕塑[①]

一、发展概况

井冈山市位于江西省西南部，红色历史悠久，是中国革命的摇篮、井冈山精神的发源地。20 世纪 20 年代末，毛泽东、朱德等老一辈无产阶级革命家率领中国工农红军来到井冈山，创建了中国第一个农村革命根据地。

井冈山红色旅游资源丰富，开发较早、保护较好、优势突出，并且具有体

① 图片来源：新华网客户端，新华社记者宋振平 2009 年 6 月 30 日摄。

量大、质量高、分散与集中相统一等特点。同时，井冈山地区自然条件良好，很多红色旅游资源本身既是革命遗址，同时又属自然景观。

近年来，井冈山市抓住争创国家全域旅游示范区契机，以红色旅游为引领，对标全域旅游创建规范标准要求，整体推进全域旅游建设，2019 年入选首批国家全域旅游示范区，并在红色旅游助力扶贫脱贫领域取得突出成效，为革命老区发挥红色效能、增进民生福祉提供了发展经验参考。

二、主要做法

井冈山地区依托既有"红色文化"和"绿色林地"优势资源，顺势开发"金色培训""蓝色休闲""古色民俗"等旅游产品，探索"红绿金蓝古——五彩井冈山"旅游发展模式，变单一的"井冈山上游"为"山上山下综合游"，全面推进全域旅游发展。

（一）党政统筹管理，强化政策保障

从 1995 年开始，井冈山市就确定将发展红色旅游作为支柱产业，逐渐摸索形成一套适合自身发展的管理机制和运行体系。为把井冈山地区旅游产业做大做强，2005 年，江西省专门成立副厅级单位井冈山管理局，主要负责旅游、接待和资源保护三项职能，直属单位包括自然保护区管理局、旅游处、接待办、井冈山革命博物馆和旅游发展公司等。自 2016 年习近平总书记视察后，井冈山市进一步理顺管理体制，以红色旅游为抓手，综合推进全市红色旅游全域化发展。

一是在发展规划上，提出要"全民参与、全产业链融合、全地域打造"理念，由"单纯的红色"井冈山旅游转变为"红绿交相辉映"的井冈山旅游发展思路。

二是在产业发展上，大力实施"旅游 +"行动计划，打造红色旅游经济引领总部经济、休闲经济、会议经济、电商经济于一体的"1+4"产业发展模式，实现由单一旅游向立体经济转变。制定"茨坪 +"行动计划，重点推进以茨坪为中心，向梨坪、罗浮、拿山、厦坪、黄坳、龙市和茅坪 6 个区域辐射，开发井冈山国际山地自行车赛道等体育项目，启动中岭国际温泉假日酒店、仙口热水洲生态休闲旅游等项目建设，实施罗浮片区旅游综合开发，加快打造"1+6"特色旅游小镇，提供丰富多元的旅游产品。

三是在区域联动上，主动融入并引领井冈山、永新、遂川红色旅游一体化建设，加强与武功山、青原山合作，打造“大井冈旅游经济圈”。同时，以井冈山、衡山、韶山“三山”战略联盟、湘赣边区域“九县一市”开放合作为平台，通过广告互换、形象互推、促销互动、客源互送、门票互惠等合作方式，打造赣西湘东大旅游圈。

经过多年探索发展，井冈山逐渐形成了一支较为稳定的管理队伍和一套标准明确的管理办法，能较好地协调和调动各方积极性，为井冈山旅游业高质量发展提供有力政策保障。

茨坪毛泽东同志旧居①

（二）五色兼容发展，“精准”扶贫攻坚

新时代井冈山旅游发展的目标是“红色最红、绿色最绿、脱贫最好”。依托贫困村自然资源、人文资源，按照宜游则游的原则，以市场需求为导向，积极开发原生态体验、观光采摘、农家乐、垂钓休闲、养生度假、客家民俗、红色民宿等乡村旅游特色产品，变“农业旅游融合潜力”为“农业产业发展实力”，为贫困群众打通旅游脱贫的绿色通道。例如，在红色资源较为丰富的神山、坝上等村镇推出“红军的一天”红色培训体验项目，让游客“现场感受在山村，亲身体验在农户”，既为红色培训打造平台，又为百姓增加收入，实现红色培训与农民增收的有效结合，农民户均增收 2.3 万元；针对红色资源比较

① 图片来源：井冈山市茨坪星火干部教育培训中心网站。

集中的拿山、厦坪等区域，推出大型实景演出《井冈山》等演艺项目，吸引附近村民参与，让 800 多名农民"白天在家种地，晚上红色演出"，每人年均增收 7000 余元，实现"创收休闲两不误"；深化"农、工、旅"三产融合，鼓励发展观光农业、农事体验、户外休闲、田园骑行、漂流体验等乡村旅游，让农村变景点，实现农民变老板；打造农业产业"231"（20 万亩茶叶、30 万亩毛竹、10 万亩果业）富民工程，实施工业"双百"（百家企业、百亿园区）发展战略，打响竹木制品、旅游食品、陶瓷创意等特色品牌，实现工农产品变旅游商品。通过吸引全域居民共同参与到旅游环境中，逐渐形成了全域"共建、共治、共享"的旅游氛围，为扶贫脱贫开辟了新路。

井冈山积极利用红色文化、绿色生态、客家民俗、运动健身等资源条件，鼓励建设发展一批特色民宿，逐渐形成集红色教育、休闲度假、健康养生等为一体的特色民宿体验模式。在大井等景区周边村镇，将红色元素纳入食宿之中，大力发展研学民宿；在坝上、大仓等红色资源富集的村镇，建设红色培训民宿；在罗浮依托华润希望小镇，深入挖掘农垦文化，大力发展休闲养生民宿；在黄坳依托中岭国际自行车赛道周边，大力发展运动健身民宿；在柏露乡鹭鸣湖景区采取"共享农庄"的模式，将农村闲置住房进行个性化改造，形成一房一院一地，打造农事体验民宿；大陇镇案山村在成功开发苏莲托、陇门客栈等民宿项目的基础上，继续延伸配套产品，打造集"食、住、行、游、购、娱"为一体的美丽乡村山水田园度假村。

此外，井冈山市结合自身资源优势，不断通过引进外部资金，拓展乡村旅游发展空间。2017 年引进华润集团投资 1.2 亿元打造罗浮希望小镇，重点推进 44 个贫困村村庄整治工程，实施 6 条干道沿线美丽乡村示范带以及 19 个美丽乡村精品示范点建设，成功创建 4 个国家 4A 级乡村旅游点。

自习近平总书记视察后，井冈山市立足自身特色资源，扶贫注重因地施策、因户施策，将扶贫扶到点上、扶到根上，于 2017 年在全国率先实现脱贫"摘帽"，成为中国贫困退出机制建立后首个脱贫县。截至 2019 年年末，全市从事乡村旅游的经营主体逾千家，吸收贫困户 1300 多户，占贫困户总数的 31%。同时，通过不断创新拓展旅游项目、丰富旅游供给，旅游服务质量和管理水平显著提升。据统计，井冈山全市公众安全感和游客满意度连续六年列全省第一名，旅游人数和旅游收入连续三年增幅 25% 以上。

（三）深挖资源内涵，做强“教育”品牌

习近平总书记在视察井冈山时指出：“井冈山时期留给我们最为宝贵的财富，就是跨越时空的井冈山精神。今天，我们要结合新的时代条件，让井冈山精神放射出新的时代光芒。”

近年来，井冈山市充分利用深厚、独特的红色文化资源，积极通过革命传统教育传承弘扬井冈山精神、赓续井冈山红色基因。依托中国井冈山干部学院、江西干部学院、全国青少年井冈山革命传统教育基地和全国、全省各级机关在井冈山设立的培训基地，不断探索创新红色教育培训新课程、新内容、新路径，集中打造故事性强、教育性强、参与感强、代入感强，集讲授、体验式、沉浸式为一体的红色培训“井冈山模式”。例如，近年来策划的“六个一”培训活动，通过引领学员“走一小段红军小路，听一堂传统教育课，向革命先烈献一束花，吃一顿红军套餐，看一场红色歌舞，学唱一首红军歌谣”等，把再现革命情景、体验红色文化、考验自我品格、熔炼团队精神教育内容融合在一起，凸显红色旅游的教育价值与功能。

在创新拓展的基础上，井冈山市积极推行培训标准化体系化建设，通过统一教学内容、统一标准标志、统一培训机构和教学人员资格认证，努力提升红色教育培训质量。

近年来，井冈山市全年培训人数由 2014 年的 12.9 万人增长到 2018 年的 52.28 万人，年均增长率达 41.88%。井冈山红色教育逐渐形成品牌化，红色培训的“井冈山模式”也成为很多红色资源集中地区开展教育培训学习借鉴的发展模式。

三、经验启示

井冈山是发展红色旅游的开拓先锋之一。近年来，井冈山市更加注重发挥红色核心资源优势，文化和旅游领域发展紧扣爱国主义和革命传统教育的主题，以开展全域旅游规划建设为主要抓手全面推进旅游提质升级，逐渐从单一的“井冈山上游”过渡到“山上山下综合游”，在提升老区经济社会建设水平，特别是在旅游助力扶贫脱贫方面取得明显成效，为其他革命老区提供了发展经验。

（一）要注重科学的统一规划管理

机构改革以来，井冈山强化"红色最红、绿色最绿、脱贫最好"的目标，坚持"红色引领、绿色崛起"的发展思路，把全域旅游示范区建设作为旅游业发展转型升级的重要推动力，确立了"红绿金蓝古"协同发展战略，即在红绿色旅游项目外，还要开辟蓝色休闲、金色培训、古色民俗等旅游产品，为文化和旅游的融合发展开拓了更多的支撑点。

（二）全民共建、全民参与、全民共享

井冈山红色旅游发展以兴民惠民、增进民生福祉为要义，充分发挥当地红色与绿色资源优势，利用红色文化、绿色生态、客家民俗、运动健身等资源禀赋，坚持差异化发展，顺应游客多元化需求，把旅游民宿作为全域旅游的重要抓手，建设特色小镇、加速乡村振兴的重要载体，大力实施"旅游 +""茨坪 +"行动计划，规划建设田园综合体、休闲特色小镇，鼓励支持全民参与民宿经营，逐渐形成了红色研学民宿、休闲养生民宿、农事体验民宿等多种形态的发展类型，成为百姓增收的重要推动力。

（三）突出红色文化的"灵魂"作用和教育价值

开展红色旅游要注重将革命传统教育、爱国主义教育和思政教育融入旅游体验中，加深游客对我国革命斗争精神的了解，增强对中国共产党的归属感、自豪感，体现出红色旅游的思想教育作用。井冈山将红色教育培训作为推动文化和旅游融合发展的重要抓手，充分利用当地红色文化资源，不断探索创新红色培训新模式，依托中国井冈山干部学院、江西干部学院、全国青少年井冈山革命传统教育基地和全国、全省各级机关在井冈山设立的培训基地，摸索形成集培训、参与、体验为一体的红色培训"井冈模式"，逐渐确立了井冈山红色教育培训品牌。

参考资料：

部分资料由井冈山管理局提供。

第四篇

生态文明

威海华夏城[①]

① 图片来源：中国矿业报搜狐号 2018-09-25，威海华夏城景区供图。”

案例 23

宁夏回族自治区银川市贺兰县：生态文明建设造福居民，发展全域旅游实惠百姓

近年来，贺兰县着力加强生态环境治理，认真打好蓝天保卫战、碧水攻坚战、净土防御战，有效改善了全县居民生活环境，为全县社会经济发展奠定重要生态基础。同时大力发展现代特色农业和全域旅游，以“旅游+”战略推进产业融合，既打响了贺兰县旅游品牌，也给当地百姓带来了多重实惠。

一、发展概况

贺兰县是宁夏回族自治区银川市下辖县，位于黄土高原西北内陆，是2019中国西部百强县市、全国农村创新创业典型县、宁夏回族自治区乡村振兴战略示范县。统计资料显示，2018年贺兰县总人口（常住人口）261738人，其中城镇人口149138人，农村人口112600人，城镇化率达56.98%。据贺兰县2019年国民经济和社会发展统计公报显示，2019年贺兰县全年地区生产总值同比增长9%，全县人均GDP（按照常住人口计算）为52875.93元，增长8.3%，城镇居民和农村居民人均可支配收入分别为33660.3元和15927.5元，增长8.4%和7.8%，人均生活消费支出分别为21500.7元和14873.6元，增长7.7%和6.7%，全县经济运行稳中有进。①

近年来，贺兰县贯彻落实“绿水青山就是金山银山”的发展理念，以改善生态环境质量为核心，集中力量打好污染防治攻坚战，使县域大气环境、水环境和土壤环境质量均得到显著改善，蓝天、碧水、净土的优美环境造福了当地居民。在此基础上，贺兰县把旅游业融入经济社会发展全局，大力推进旅游向全景、全业、全时、全民的全域旅游转变，以“旅游+”思路推进旅游与农业、工业、文化、体育、健康养生、教育融合发展，不断拓宽旅游产业发展领

① 数据来源：贺兰县人民政府门户网站。

域。其中，依托其现代休闲农业、特色民俗风情、乡野田园风格和多个知名食品工业品牌的资源优势大力发展农业旅游、乡村旅游和工业旅游，打响了贺兰县旅游品牌。2020 年上半年，在新冠肺炎疫情影响下，全县旅游企业复工复产率 100%，截至 5 月底，接待游客 13.3 万人次，实现旅游收入 725.72 万元。

二、主要做法

（一）加强生态治理守护蓝天绿水净土

良好生态环境不仅是重要的生产力，也是最普惠的民生福祉。生态环境的高水平保护，既是推进经济高质量发展的内在要求，也是对人民日益增长的优美宜居生态环境需要的积极回应。近年来，贺兰县始终把保护生态环境作为重大政治任务，充分发挥生态环境保护牵头作用，认真打好蓝天保卫战、碧水攻坚战、净土防御战，生态治理工作取得积极成效。一方面，碧水蓝天的宜人环境造福了本地居民；另一方面，也为发展生态农业、推进全域旅游奠定了重要的生态基础。

一是着力改善大气环境质量，全力打赢蓝天保卫战。2018 年年底，贺兰县人民政府印发《贺兰县打赢蓝天保卫战三年行动计划（2018 年—2020 年）》，以改善大气环境质量为核心，坚持全民共治、源头防治、标本兼治。大力调整优化产业结构、能源结构、运输结构和用地结构，推动绿色发展，推进能源清洁高效利用，发展绿色交通体系，深化面源污染治理，同时实施包括重点区域秋冬季污染、柴油货车污染、工业炉窑污染、挥发性有机物（VOCs）污染在内的专项治理行动，大幅降低污染物排放。三年来，贺兰县持续加大全县范围内挥发性有机物（VOCs）集中整治专项行动力度，进行 64 家燃气锅炉低氮燃烧改造，减少氮氧化物的排放量，在县域范围内建立空气微站，全面推进挥发有机物科学治理和精准管控，全力完成区、市下达的空气质量考核目标。截至 2020 年 7 月，共开展挥发性有机物等涉气企业专项检查 117 家次，出动 234 人次，对 7 起违反《大气污染防治法》案件立案处罚 86 余万元；开展“散乱污”企业清理整治，关停取缔 18 家，整治提升 5 家，停产 4 家，正在整治 9 家；建成区内 40 蒸吨以下燃煤锅炉已全部拆除，空气质量显著提升。截至 7 月 13 日，优良天数比率 75.1%，同比增加 6 天，6 项监测指标两升三降一持平；PM10 同比持平，PM2.5 同比上升 2.3%，SO_2 同比上升 6.3%，NO_2 同比下降

3.2%，臭氧 8 小时同比下降 12.1%，CO 同比下降 26.7%。①

二是重点抓好水环境治理，坚决打胜碧水攻坚战。近年来，贺兰县以治理辖区内入黄排水沟和保护湿地为重点，通过推行河长制、修复湿地等一系列措施，使辖区内水生态环境逐步向好。随着 2017 年河长制的推行，贺兰县开始对滨河水系等入黄排水沟开始进行重点整治，突出源头控污，彻底清理沟渠，完成全线清淤整治 19 千米，使滨河水系的入黄水质达到三类水标准。建立县乡村三级河长体系，在习岗镇、金贵镇、立岗镇建立保洁长效机制，河长定期巡河，乡镇保洁员定期清理岸边及河道垃圾，确保水质稳定达标。此外，贺兰县还建设了 4 处人工湿地，截至 2019 年 9 月，其湿地总面积达 1.55 万公顷，关停和拆除河湖两侧违章建筑8处，搬迁整治养殖企业6家，通过封堵排污口、治理农业面源污染等措施，使得水环境综合治理成效显著。②

三是积极落实土壤环境修复，认真打好净土防御战。首先，严格实施耕地保护，实行耕地保护目标责任制，逐级签订耕地保护目标责任书，明确各级保护责任，将耕地保护、闲置土地清理工作纳入绩效考核，多渠道、多角度、多层次地宣传土地管理政策法规，增强全民保护耕地意识。据统计，2019 年年初，贺兰县全县实际耕地面积 65.68 万亩，永久基本农田面积 50.78 万亩，2019 年贺兰县维护永久基本农田保护标牌 66 个。其次，切实加强土地污染防治，管控建设用地受污染地块开发利用，加强受污染地块建设用地准入管理，加强未利用地的环境监管，同时严格执行相关行业企业布局选址要求，强化空间布局。加强农村面源污染治理，开展国土绿化行动，据统计，2018 年，贺兰县固体废物处置率达到 95%，新增造林面积 2 万亩。③

（二）发展“旅游 +”铺就脱贫富民之路

近年来，贺兰县在生态环境持续向好的基础上，以创建国家全域旅游示范县为抓手，充分挖掘旅游资源，不断开发旅游产品，推动产业融合。贺兰县按照“旅游 +”的融合发展思路，扎实推进旅游与农业、林业、教育、文化、康养、科技、工业等产业深度融合，拓展旅游产业发展领域。紧紧围绕旅游业提档升级、节庆品牌打造、项目招商引资等任务，以加强全面统筹推进旅游产品多元

---

① 数据来源：贺兰县融媒体中心（贺兰县广播电视台规范百度账号）2020-07-15。

② 数据来源：贺兰县人民政府门户网站。

③ 同②。

化，以加快品牌创建推进旅游品质提升，以加强标准建设推进旅游公共服务体系完善，以强化行业监管推进旅游服务环境优化，助推全域旅游迈上新台阶。

一是推进“旅游 + 农业”融合发展。利用其农业强县的品牌优势，贺兰县以当地特色现代休闲农业为依托，结合“乡村振兴”计划，促进现代休闲农业与旅游产业有机融合，全力推进乡村旅游发展，鼓励以“公司 + 合作社 + 农户”的发展模式促进农民增收，使农民从全域旅游发展中持续获益。积极推进星级农家乐改造提升，完成四十里店村稻渔空间生态观光园、马莲湖农庄、光明渔村等特色乡村旅游示范点创建工作。其中稻渔空间成功创建2A级景区，光明渔村、马莲湖农庄被命名为五星级乡村旅游点，天骏青青生态园、兰健欢乐谷、富贵农庄、成元渔村被命名为四星级乡村旅游点。

稻渔空间生态观光园稻田画[①]

以稻渔空间生态观光园为例，其园区占地3600亩，依托有机水稻立体生态种养和名特优新水产品养殖等特色优势产业，将农业生产、农产品加工和销售、餐饮、休闲观光、垂钓以及农业服务有机结合，吸引周边市民到园区从事农耕体验、作物收获、垂钓、特色餐饮等活动，充分领略“塞上江南、鱼米之乡”的优美景色。生态园不仅不断丰富农业产品，亮化农事景观，发展多元业态，而且积极创新产业机制，一方面试点土地流转新模式，以入股的形式将农户土地流转来，聘用农户打工，通过打工收入、土地流转费、年底分红的方式帮助

① 图片来源：中华人民共和国农业农村部官方网站。

农户实现增收；另一方面，强化村企互联，以“村支部 + 企业 + 合作社 + 农户”的模式，将特色产业示范村奖补资金 100 万元以村集体入股的方式向企业注资，通过共同参与、企业分红，实现村集体与企业相互促进，壮大集体经济。

此外，贺兰县充分利用乡村民俗民风、休闲采摘等资源优势，策划举办农业嘉年华、插秧节等旅游节庆活动和年货节、元宵节、民间社火等民俗旅游活动。设计推出农业旅游线路 3 条，并于 2019 年 6 月 1 日成功举办休闲农业旅游精品线路推介大会。

二是推进“旅游 + 工业”融合发展。贺兰县以贺兰工业园区为依托，以“绿色”和“转型升级”为重点，整合电力、煤炭、机械、冶金、石化、建材、食品、轻工业等传统产业和优势特色产业，增设旅游服务设施，增加游客观光、体验和参与功能。依托麦尔乐、厚生记、明旺乳业、百瑞源枸杞、金河乳业等知名品牌，打造集食品生产加工、销售采摘、文化展示、展销观光多种功能于一体的综合性生产集群。同时鼓励新型科技企业建立展示馆、科普馆，通过接待旅游参观，倡导创新文化和绿色理念。

宁夏枸杞食品文化馆开馆仪式[①]

以宁夏枸杞食品文化馆为例，2019 年 5 月 18 日，宁夏枸杞食品文化馆在

① 图片来源：新华社客户端，新华社记者马丽娟 2019 年 5 月 18 日摄。

贺兰县工业园开馆。场馆占地 4200 平方米，是园内首家集食品文化探秘、观光工厂、主题公园、DIY 体验、旅游商品购物为一体的新业态景区。展区以传统剪影艺术手法和现代电子科技手段相结合，记述了源远流长的塞上农耕文化，浓缩了古丝绸之路的壮美风光，详解了枸杞文化的前世今生，集历史性、知识性、趣味性和艺术性于一体。馆内还开设了亲子互动体验烘焙 DIY 专区，并成为川市中小学生研学旅行基地。

贺兰县目前已推出工业旅游线路 2 条，工业旅游发展成果初现。中国枸杞馆成功录入国家工业旅游示范点名录，宁夏枸杞食品文化馆已成功创建为贺兰县首家市级研学旅游基地。百瑞源中国枸杞馆、麦尔乐枸杞食品文化馆、宁夏华泰龙工厂家居超市、贺兰雷锋纪念馆、宁夏领新耘智 3D 打印创新馆五家企业被评为 2019 年“最受欢迎新工业旅游示范点”。

三、经验启示

（一）生态环境保护奠定旅游发展基础

习近平总书记在宁夏考察时曾指出，宁夏是西北地区重要的生态安全屏障，要大力加强绿色屏障建设。要强化源头保护，下功夫推进水污染防治，保护重点湖泊湿地生态环境。良好的生态环境既是民生需求，也是社会经济发展的重要生产力。贺兰县贯彻落实绿水青山就是金山银山理念，全面改善县域大气环境、水环境和土壤环境，为发展特色农业和全域旅游奠定了重要基础。

（二）充分利用优势资源发展旅游品牌

贺兰县充分利用其农业强县的品牌优势，依托特色休闲农业、优美山水生态和乡村民俗文化等资源大力发展农业旅游、乡村旅游，依托当地知名食品工业品牌和工业园区的资源集聚优势大力发展工业旅游，有效丰富了该县全域旅游发展格局。特色产品购物、农业文化体验、乡村生态观光等丰富的旅游产品成功打响了贺兰县旅游品牌。

（三）以人民为中心探索利益联结机制

贺兰县积极落实习近平总书记讲话精神，贯彻以人民为中心的发展思想，以“农业＋旅游”探索确保农民持续获益的利益联结机制，通过吸纳就业、土地流转、集体分红等多种方式帮助农民脱贫增收，在推进全域旅游发展中探索出一条乡村振兴的旅游之路。

参考资料：

部分资料整理自：新华网、贺兰县人民政府门户网站、央广网、人民网－人民日报海外版、东方财富网、新华网宁夏频道。

案例 24

陕西省商洛市柞水县：旅游脱贫、旅游富民、旅游活县

实施乡村振兴战略和打赢脱贫攻坚战，是党中央的重大战略部署。旅游产业既是绿色产业、也是富民产业，以其关联度高、带动性强、影响面广的特点，对促进县域经济发展、助力脱贫攻坚、推动乡村振兴具有重要的战略意义。近年来，陕西省商洛市柞水县把旅游作为带动脱贫攻坚和乡村振兴的主攻方向，依托生态旅游资源优势，不断探索创新，走出了一条“旅游脱贫、旅游富民、旅游活县”的特色之路。

一、发展概况

陕西省商洛市柞水县属秦岭中央公园核心区，属秦巴山区集中连片特困地区县之一，共有 16.5 万人，其中建档立卡贫困人口 3.24 万。全县境内共有国家 3A 级以上景区 5 家。

近年来，柞水县深入践行习近平总书记“绿水青山就是金山银山”的绿色发展理念，充分挖掘独特的区位优势、良好的生态优势和资源优势，以生态建设为核心，以产业发展为重点，把旅游业作为转型发展的支柱产业和主导产业，作为脱贫攻坚和乡村振兴的重要举措。

柞水县以“全域景区化、景区公园化、生态经济化”为目标，着力以大景区建设为龙头，以精品特色景区建设为载体，整合项目资源，突出文化和旅游融合发展，提升现有景点品位，完善配套设施，着力提升旅游服务水平，在探索中形成了“三驾马车带动、四联模式扶贫、五个围绕推进”的柞水旅游扶贫模式，让绿水青山成为贫困群众脱贫致富的“金山银山”。

二、主要做法

近年来，柞水县坚持以生态保护为基础，把全域旅游作为转型发展的支柱产业、脱贫攻坚的优势产业、乡村振兴的首选产业，加快推进产业绿色化、城

镇景区化、田园景观化，主要做法如下：

（一）强化生态保护，构建全域旅游新格局

柞水县扎实推进新一轮退耕还林、植树造林、天保二期等生态工程建设，持续开展河道“清四乱”和“黑臭”水体专项，强力推进“减煤、控车、抑尘、治源、禁燃、增绿”6 项重点工作。建立秦岭生态环境保护网格化信息化监管平台，按照“定区域、定人员、定职责、定标准、定流程、定考核”的“六定”原则，完成全县 9 个镇办、81 个村（社区）网格划分，共划分网格 94 个，落实四级网格员 240 人，实现了网格化监管全覆盖。创新农村环境保洁“社会化管理、企业化运作”模式，大力开展“村庄清洁”行动，创新建立了“村收集、镇转运、县处理”的农村垃圾清运社会化模式；扎实推进农村“厕所革命”，城乡人居环境持续优化。

在生态保护基础上，柞水县把生态旅游作为经济社会发展的重要引擎，出台了《加快全域旅游发展的实施意见》及《加快推进旅游与相关产业融合发展的实施意见》等指导性政策。先后编制了《“十三五”旅游发展规划》《柞水县全域旅游规划》《柞（水）宁（陕）国家旅游休闲度假区总体规划》。以旅游规划为统领，构建起城乡建设规划、土地利用规划、产业发展规划、交通发展规划等多规合一发展的全域旅游发展格局。

（二）坚持因地制宜，科学规划布局

柞水县大力实施旅游活县战略，以景区理念规划全县，以景点标准建设镇村，形成了“城在景中、景在城中”的旅游新格局。整合全县旅游资源，深入调研论证，形成“一心三廊四区”总体布局，“一心”即县城全域旅游服务核心；“三廊”即乾佑河生态休闲廊道、社川河文化休闲廊道、最美自驾游绿道；“四区”即牛背梁生态度假区、洞天福地农旅融合发展区、凤凰古镇民俗文化区、九间房乡村休闲区，构建了全域旅游大循环线路。加快精品景区建设，推进全域旅游规范化、优质化发展，累计建成牛背梁、柞水溶洞、九天山 3 个 4A 级景区，凤凰古镇、秦楚古道、木耳小镇、孝义小镇 4 个 3A 级景区，牛背梁获批国家水利风景区和省级旅游度假区。

牛背梁国家级自然保护区溪流瀑布密布[①]

（三）坚持融合发展，打造旅游精品

柞水县坚持“一产围绕旅游促升级、二产围绕旅游出产品、三产围绕旅游优服务”的思路，大力实施“旅游+”战略，促进全域旅游与三次产业深度融合。一是聚焦“乡村游”繁荣一产。围绕激活农村经济，统筹推进美丽乡村建设，鼓励群众利用自有房屋院落开办农家乐和民宿，建成省级乡村旅游示范村和乡村游产业村 20 个，朱家湾分别被农业农村部和住建部评为中国最美休闲乡村、中国休闲宜居村庄，营盘、下梁、凤镇创建为省级旅游特色名镇。二是聚焦“工业游”升级二产。按照生态化、循环化理念，充分利用新兴工业先进工艺和传统工矿废弃区，策划包装工业旅游项目，相继建成欧珂公司生产观光专用通道、御石尾矿工艺参观区和 140 万吨多品种伴生矿采选工艺展项目，同

① 图片来源：人民网－陕西频道，2020-07-23，人民网记者吴超摄。

时大力开发旅游纪念品，填补了工业游短板。三是聚焦“休闲游”做特三产。积极构建旅游全要素和三产全领域的发展共同体，推动旅游与养老养生、体育运动、文化创意等特色服务业融合发展，相继建设了药王沟文化旅游开发、营盘旅游养老综合开发、营盘全国体育运动休闲小镇等项目，集“旅游 + 文化 + 体育 + 民俗 + 民宿”于一体的终南山寨成为陕西网红景区，阳坡院子作为全国首批、陕西唯一的四星级民宿接受国家文化和旅游部验收，渔鼓歌舞剧《竹风清音・渔鼓情》被誉为陕南第一旅游演艺品牌，渔鼓山歌剧《孝义川》入选陕西省第八届艺术节“文华奖”参评剧目，柞水渔鼓这一民间艺术在全域旅游发展中大放异彩。

（四）坚持利益联结，扩大综合效益

柞水县充分发挥全域旅游在脱贫攻坚中的重要作用，积极推进“小农户”与“大旅游”的有效衔接，将全县 20% 以上的贫困户捆绑在旅游产业链上，实现绿色发展和生态增收。一是培育好产业联结点。建立生产初端和消费终端联接机制，推动旅游企业与 89 个专业合作社、农业龙头企业签订收购协议，与 140 家宾馆、酒店、农家乐签订供货协议，实行订单化生产、组织化经营，解决了 2100 余户贫困户农副产品“卖难”问题。二是打造好就业联系带。围绕营盘、下梁、凤凰三大旅游板块，鼓励群众围绕旅游服务自主创业，开办农家乐、民宿、商店，通过卫生保洁、园林管护、服务接待、安全保卫等途径就近就业，全县 2500 余名贫困群众在景区周边创业就业。三是实施好全域联动图。围绕发展全域旅游，建设了洞天福地小镇、木耳小镇、秦岭时光康养小镇、安琪儿小镇、牛背梁风情小镇等一批特色小镇，实现了美丽乡村建设全域全覆盖，每个小镇和每个乡村既是一个特色产业园区，又是一个精品旅游景区。

（五）坚持升级服务，促进乡村振兴

围绕乡村振兴 20 字方针，促进“三产”与“三农”有效衔接，柞水县依托全域旅游的“创新版”打造现代农业的“升级版”。一是升级乡村特色服务。围绕硬件升级，发展五星级酒店 2 家、四星级酒店 2 家、三星级酒店 3 家、星级农家乐 430 余家，打造了花锦园、云林小屋等高端特色民宿 40 余家。着眼软件提升，开发“终南当家菜”“孝义流水席”“陕南杀猪饭”等地方特色餐饮，形成了木耳宴、豆腐宴、土鸡宴等特色餐饮品牌，让道地农家菜成为游客口中的香饽饽。二是丰富旅游商品供给。制定了《旅游商品研发方案》和旅游商品名录库，培育和扶持老作坊、山山香等旅游纪念品加工企业9家，开发柞水木耳、腊肉、核桃、板栗、凤镇竹编等传统手工艺品、中药保健品、民俗纪念品、绿色食品4大系列200余种旅游商品，让低附加值的普通农产成为农民增收的“摇钱树”。三是完善智慧旅游体系。投入5000万元，规划了门户网站、电子商务平台、移动互联网应用、安防监测应用等四大板块，建成了全域旅游游客中心、智慧旅游平台和全市首家旅游大数据中心，实现了景区景点、农家乐、民宿等网上快捷消费，使旅游信息向乡村充分延伸，让久藏深闺的柞水农家、农味、农艺向外界充分展示。

三、经验启示

（一）旅游带动脱贫

柞水县按照“抓三产、促一产、带二产”的思路，以旅游带动脱贫，取得了良好成效。一是借用景区景点的市场吸引力和农村的优美景观、乡村民情，整合资金2.04亿元，实施了贫困村基础设施和人居环境改善工程，建成美丽乡村46个，直接带动当地1.1万贫困人口实现增收。二是配套景区发展三产服务，大力支持贫困群众利用发展特色农家乐、家庭旅馆、停车洗车、便利店等服务业态，累计发展农家乐集群6个、家庭旅馆120余家，带动1300余贫困人口年收入1.7万元。三是通过拓展景区发展休闲农业，以园区变景区为目标，大力实施“一村一品”工程，整合涉农资金1.7亿元，实施了农业旅游项目23个，发展涉农经济组织265个，又带动当地8000余户2万余贫困人口实现增收。柞水县木耳小镇累计接受中央省市各级领导调研指导65场次，各类企事业单位考察学习290场次，周末日平均吸引游客500余人次，全面拓展了农业生产功能。柞水木耳还成为陕西首个纳入“国家品牌计划——广告精准扶贫”的特色产品，在央视8个频道推介，入选2019年全国十大产业扶贫案例。

（二）旅游带动增收

大力发展旅游，实现农民增收，规模效应显现。一方面，产业围绕旅游转。柞水县各级、各部门及企业积极寻找与旅游业的结合点，合力推动多点分布的旅游景区、覆盖全域的乡村旅游和广泛延伸融合的产业链，让更多农村直接或间接通过旅游业收益。另一方面，产品围绕旅游造。以“商洛八大件”之柞水系列产品为抓手，“柞水木耳”“柞水核桃”“柞水大红栗”获得国家地理标志认证，成为热销的旅游商品；推动“旅游 + 商贸”服务业发展，建成了县电子商务中心，农村淘宝、京东实现主要节点全覆盖，物流快递等新业态快速兴起，旅游三产成为新的经济发力点。

据统计，2018 年柞水县旅游接待人数达到 905 万人次，过夜游客 380 万人次，旅游综合收入 50.7 亿元，旅游业增加值占全县 GDP 的 22%，旅游税收占地方财政税收 15.2%。农村居民年均纯收入的 33.5% 来源于旅游收入，旅游从业人数占本地就业总数的比重为 33.8%。据统计，柞水县农村居民年均纯收入的 33.5% 来源于旅游收入。

（三）旅游盘活乡村

柞水县通过旅游业推进了美丽乡村建设。按照“一村一景、一村一韵”发展要求，全面实施了 81 个村居以美化、亮化、硬化、改厕、改圈、整院为主要内容的美丽乡村建设工程，提炼“乡愁”文化，发展美丽经济。通过美丽乡村建设与乡村旅游开发，柞水县生态之乡、中医药之乡、糍粑之乡、渔鼓之乡、美食之乡等大乡村旅游业态丰富多彩，特别是在以凤凰古镇、下梁镇国家级特色集镇为引领下，以乡村风情为特色的洞天福地小镇、以木耳科普观光为特色的木耳小镇、以康养度假为特色的秦岭时光康养小镇、以生态度假为特色的牛背梁风情小镇、以弘扬孝义文化为特色的孝义小镇、以红豆杉景观林和衍生产品为特色的红豆杉小镇等新业态集群遍地开花，成为柞水旅游的新亮点。柞水县先后荣获中国最佳魅力旅游名县、中国最美休闲度假胜地、中国渔鼓文化之乡、中国天然氧吧、省级旅游强县、省级旅游示范县、省级森林城市等荣誉。

参考资料：

1. 陕西柞水：村民吃上“旅游饭”小康路上幸福多［EB/OL］. 人民网－陕西频道，2020-07-23. https：//3g.163.com/dy/article/FI76G6H605346936.html

2. 柞水“四联模式”构建全域旅游新路径［EB/OL］. 搜狐网－微柞水，2019-03-31. https：//m.sohu.com/a/305090432_120056392/

案例 25

浙江省杭州市西溪国家湿地公园：修复保护与开发利用协同发展

湿地公园是湿地保护区开展生态旅游的主要形式，是解决当前湿地开发与保护之间矛盾的有效途径之一。目前，全国共有湿地面积 5360 万公顷，湿地保护率达 52%，湿地公园遍布 31 个省（区、市）。截至 2019 年年底，全国湿地公园累计接待游客超 2.3 亿人次，带动区域经济增长 530 多亿元。作为国内第一家位于城市内的国家湿地公园，西溪国家湿地公园不仅保留了生态原貌，维持了湿地作为城市绿肺的功能，也成为著名的旅游胜地，实现了城市发展和生态保护的双赢。

一、发展概况

湿地公园作为一种湿地保护的创新形式，从 2005 年开始试点建设，经过 15 年的发展，现已遍布 31 个省（区、市），各级湿地公园达 1693 个，对完善我国湿地保护体系发挥了重要作用。湿地公园产生了显著的生态效益、社会效益和经济效益，成为“绿水青山就是金山银山”的生动写照。

西溪，古称河渚。历史上的西溪占地约 60 平方千米，现实施保护的西溪湿地总面积约为 11.5 平方千米。杭州西溪国家湿地公园，坐落于浙江省杭州市区西部，距离杭州主城区武林门 6 千米，距离西湖仅 5 千米；东起紫金港路，西至绕城公路，南起沿山河，北至文二西路，是国内唯一一个集城市湿地、农耕湿地、文化湿地于一体的国家湿地公园。

生态资源是西溪国家湿地公园的核心资源。湿地公园内约 68% 的面积为河港、池塘、湖漾、沼泽等水域，水体库容量约 500 万立方米，有“万塘揽胜”之称。湿地公园内有丰富的动植物资源，包括昆虫、两栖类、爬行类、鸟类、兽类、鱼类和 696 种维管植物，陆地绿化率在 85% 以上。在景区景点方面，该湿地公园有“三堤十景”，“三堤”分别是福堤、绿堤、寿堤，“十景”

分别是秋芦飞雪、火柿映波、龙舟胜会、莲滩鹭影、洪园余韵、蒹葭泛月、渔村烟雨、曲水寻梅、高庄宸迹、河渚听曲。

船只在西溪湿地水道上行驶（无人机拍摄）[①]

西溪湿地的规划策略是“生态保护与建设开发并重”“兼城市湿地、农耕湿地和文化湿地于一体”。西溪湿地的整体开发一共经历了三期：一期以生态保护、生态恢复、历史遗存恢复、旅游服务为主；二期在各入口控制游人量以保证鸟类等动植物栖息安全；三期以保留具有真实感、原生性的水乡村落为主。

二、主要做法

西溪湿地属于“自然—人工复合型湿地”，通过实施开发与保护相结合、设立创意园区、推行智慧旅游、深入挖掘文化资源等多项措施，成为具备生态旅游和生态环境教育功能、兼有物种与栖息地保护作用的湿地风景区域。

（一）湿地生态修复与旅游相结合，实现开发与保护的有机结合

为推进西溪湿地建设，杭州市实施西溪湿地综合保护工程，搬迁 11.5 平方千米范围内的 4000 多户居民，减轻生态压力。统筹考虑西溪湿地的水质、土壤、大气、生物多样性等自然生态各要素，进行整体保护和系统治理。通过清淤疏浚、截污纳管、科学配水、生物治理“四管齐下”，改善湿地水环境，

① 图片来源：新华社客户端，无人机照片，新华社记者翁忻旸 2020 年 4 月 1 日摄。

修复湿地自然生态。目前，西溪七成面积为河港、池塘、湖漾、沼泽等各类湿地，水质总体保持在Ⅲ类，核心区域达到Ⅱ类。为加强生态保护，西溪在湿地内设置了费家塘、虾龙滩、朝天暮漾、包家埭和合建港五大生态保护区和生态恢复区。在生态方面，西溪湿地发挥着保护生物多样性和滋养濒危物种，为野生动物提供栖息地，通过植物枝叶对噪声的吸收和屏蔽作用来隔音降噪等多重作用，而湿地中的植物和水体能够净化空气和杀菌消毒。在城市建设方面，西溪湿地通过独特的生态效益改善城市气候，并通过优美景观特质，发挥了娱乐、休闲、观光和旅游等多方面作用。

“西溪花朝节”鲜花景观[①]

（二）地域特色引入景区，多样化文化产品供给

西溪文化积淀深厚，先后经历了汉晋始发、唐宋发展、明清全盛、民国衰落、当代复兴等五个历史阶段。在物质文化遗产方面，西溪不仅对 50 年以上的历史建筑“应保尽保”，在西溪湿地上形成了独具特色的“民居博物馆”，而且重建了朝天暮漾、泊庵、百家溇、荆源访古、清平山堂等景点，恢复了秋芦飞雪、高庄宸迹、河渚听曲、曲水寻梅等景观。同时，邀请专家和社会大众广泛参与，对恢复和重建的人文景观进行重新命名和评比，为 150 余条（座）富有西溪文化内涵的堤、桥、路、景命名。非物质文化遗产方面，在西溪综合

① 图片来源：新华社客户端，新华社记者翁忻旸 2020 年 4 月 1 日摄。

保护工程的规划、设计和建设中，注重文化遗产利用的人文持续和非遗传承人的保护，引入大量民俗文化元素。西溪文化氛围浓厚，许多帝王将相、文人名士留下了大批的诗文辞章，至今仍保留了“龙舟胜会”“碧潭网鱼”“竹林挖笋”“清明野餐”等传统民俗，既丰富了游客文化体验，又增加了参与互动，集聚了西溪人气。

（三）开发高品质的度假群，建立国际旅游综合体

定位世界最高水准，由国际知名的建筑事务所竞标打造湿地科普研究展示平台。最终建筑大师矶崎新（于 2019 年获普利兹克奖）的设计方案中标，建成了造型独特、寓意深远的西溪湿地博物馆，充分展示湿地生态多样性及悠久人文历史，以强烈的视觉冲击力成为重要地标。西溪国家湿地公园内设立西溪创意产业园，位于东北角的桑梓样区域，占地 0.95 平方千米，占整个西溪国家湿地公园面积的十分之一，也是西溪国家湿地公园文化精粹之地。创意园坚持“名人立园　影视强园”发展战略，重点发展影视和文学艺术产业。在公园的东南角建设“西溪天堂”，成为融合湿地博物馆、国际俱乐部、西溪天堂商业街、酒店式公寓、产权式酒店、旅游公共服务设施为一体的“大型旅游公共服务中心”和“旅游综合体”，充分体现了湿地对旅游的带动作用，有效发挥了集休闲、度假、文化创意于一体的综合效应。

（四）坚持预约旅游，推进智慧旅游

西溪国家湿地公园从一开始就推行预约制，开放第一年的“五一”黄金周就采取了“限流”措施，控制旅游人数，以湿地水体能自然降解游客在湿地公园活动所产生的污染为重要指标，将游客人数控制在每天 6000 人左右，其中一期工程游客人数控制在 3000 人左右。有关部门还通过信息系统随时公布湿地公园饱和“警戒线”，踩线就会采取观光巴士暂时停发等系列措施。在新冠肺炎疫情期间，根据疫情的变化和相关防控要求，杭州西溪先后实施了全封闭管控、有序开放、免费开放等不同措施。为实时控制游客量，方便游客快速入园，并且最大限度确保游客的安全，游客需要提前通过“西溪湿地官微”、微信或支付宝扫描二维码预约，才能进入景区核心区域游览。除预约外，西溪湿地还重点推进其他智慧旅游工作。在游客服务方面，西溪国家湿地公园制作和宣传推广本景区的 App“西溪国家湿地公园”、微信公众号“杭州西溪湿地”，在景区内设立多媒体触摸屏、LED 屏幕，满足游客的导航、导览、导游、导购等基本服务需求，提供在线预订、付款、评价的“一键式”消费服务，以及实时定位、定制路线等服务。在景区管理方面，西溪国家湿地公园建立了西溪湿地数字化管控平台，形成了对园区的整体管理和对景区各种硬件设施的数字化管理。

（五）完善法律法规，健全管理机制

最初，西溪湿地公园是由林业部门下设的湿地管理办公室，按照《水法》《森林法》和《浙江省风景名胜区管理条例》等部门法、地方法对公园进行管理。为了加强湿地管控的有效性和针对性，杭州市2011年公布实施了《杭州西溪国家湿地公园保护管理条例》，成为国内第一个湿地管理与保护的地方性法律法规。目前西溪湿地公园实行“属地管理，两级设立”，体现为“三个统一，两区分治”，三个统一主要是指统筹规划、统一协调和统一经营，统筹规划由政府层面负责、统一协调由湿地管委会负责，统一经营则由湿地经营公司承担；两区分治是指由余杭区和西湖区各自管理辖区内的湿地。根据条例规定，杭州市西溪国家湿地管委会是唯一一家具备湿地管理资质的机构，在市政府领导下对公园规划、保护、建设和利用等工作全面负责，统一对园区内的土地、规划、宗教、治安、工商、环保实施管理。按照“两区分治”的原则，园区管委会横跨两个区域，西湖区和余杭区也分别有基层管委会，依法行使辖区内的具体事务，是区域性的具体工作承办者和执法者。通过以上措施，西溪湿地实现了指导监督、规划调控、协调组织等各环节工作协同发展的效果。

三、经验启示

（一）智慧旅游有助于破解景区景点超载现象

目前，西溪湿地实行的预约旅游，实现了游客容量的可控制。这样做一方面可以有效保护疫情期间游客的健康与安全，另一方面可以减少设施的配备对湿地景观的影响，有利于西溪湿地公园生态环境的可持续发展。同时，也可以采用进一步丰富旅游产品等方法，以缓减旺季时的客流压力。今后，针对景区内局部景点超载现象也应采取相应措施，如可采用内部分流措施和轮休制度，既有利于景区内热点生态系统的恢复，又可以充分利用区内旅游设施，达到各个景点的均衡发展。

（二）探索实现生态保护和旅游参观的平衡发展

围绕西溪湿地是“完全保护”还是“也要利用”，曾经出现了一些讨论。传承历史文化，呈现独特韵味，这一切都建立在生态之美、保护为重的基础上。杭州市始终把生态保护牢牢摆在第一位，尽最大努力保持湿地生态和水环境。为加强生态保护，在湿地一期工程内设置了生态保护区和生态恢复区。在保护的基础上做好开放，杭州制定了很多“框框”。从一开始，西溪国家湿地公园就推进限流工作。限制客流量不完全是为了“好看”，更是为了生态保护的弦不放松。游船、游步道等都严格按最高控制游客量设定，尽量减少设施配备对湿地景观的影响。今天的西溪湿地，统筹生产、生活、生态三大空间布局，已成为建设人与自然和谐相处、共生共荣的宜居城市的重要资源。

参考资料：

1. 迟诚，李明．湿地公园，人口密集区湿地保护的答卷［N］. 中国绿色时报，2020-04-21.

2. 王子晖，程瑶．习近平浙江考察，这 6 个细节释放出什么信号？［EB/OL］. 新华网，2020-04-02.

案例 26

吉林省松原市查干湖国家级自然保护区：保护生态和发展旅游相得益彰

查干湖坚持大水面开发和渔业生态综合开发的发展思路，牢牢抓住保护生态和发展旅游两条线，利用自身地理优势大力发展特色民宿、采摘大棚等项目，形成夏季以大湖湿地、草原风光及蒙古族风情为特色，冬季以冬网捕鱼、展现查干湖悠久渔猎文化为主要内容的特色旅游业态，在生态保护的同时发展乡村经济，达到了兴旅游、促发展的效果。

一、发展概况

查干湖是中国十大淡水湖之一，位于吉林省西北部的松原市前郭县境内，是吉林省良好生态的金字招牌，也是西部旅游大环线的重要支点。目前查干湖已经成为夏季以大湖湿地、草原风光及蒙古族风情为特色，冬季以冬网捕鱼、展现查干湖悠久渔猎文化为主要内容的度假胜地。与此同时，历史文化、民族文化、宗教文化、农耕文化、渔猎文化、游牧文化等多种文化元素在这里交融演绎，已经形成独特的查干湖文化。据史料记载，在距今约 1 万年前旧石器时代晚期，查干湖周边就有人类活动，现有青铜器时代的青山头古墓群遗址、始建于 1775 年的藏传佛教古刹妙因寺、辽兴宗太平年间辽代“长春州”和金代“新泰州”——塔虎城遗址、见证清朝满蒙联姻政策的清代孝庄文皇后生父生母碑——追封忠亲王暨忠亲王贤妃碑。查干湖坚持人与自然和谐共生、绿水青山就是金山银山等理念，多年以来，相继实施多种生态环保项目与措施，保护力度持续加大。通过在周边 31 个村屯实行垃圾统一收集、转运和处置，安装小型污水处理设施等方式加大人居环境整治，避免污水和垃圾对查干湖造成污染；为减少农业生产领域农药、化肥造成的污染，查干湖周边实施了退耕还林、还湿、还草，目前退耕面积达到 1500 公顷（计划退耕 4860 公顷），消减农药、化肥使用量 46%。[①] 退耕之后，还调整了附近村屯的种植结构，栽种水果、蒲公英等经济型、观赏型植物，在保护生态的同时发展乡村经济，实现了兴旅游、促发展的效果。目前，体现高质量发展的绿色生产方式和生活方式正在查干湖实践和完善。

二、主要做法

为深入贯彻落实“绿水青山就是金山银山”的生态战略思想，查干湖围绕改善生态环境、加快发展步伐的目标，把握好、处理好发展与生态的关系，牢牢抓住发展和生态两条线，坚持大水面开发和渔业生态综合开发的发展思路，可持续发展的生态经济唱响了“一湖两岸”，走出了一条美丽环境与美丽经济、美好生活互促互进的生态富民之路。

查干湖金秋的花海和湖面[②]

（一）“引松入查”，改善区域生态环境

从 1976 年起，查干湖利用 8 年时间，实施“引松入查”工程，修成 53.85 千米长的草原运河，引松花江水入查干湖，让查干湖的面积恢复至 500 平方千米。2013 年，吉林省开始实施西部河湖连通工程。松原市实施了一系列生态补水工程，使查干湖、库里泡、九曲湖、新庙泡等湖泡实现了生态补水目标，累计引水 4.5 亿立方米，恢复和改善湖泡、湿地面积约 610 平方千米，增加了

① 马泰.查干湖生态保护成果走笔：“治”中换来绿水青山，“舍”中赢得金山银山［EB/OL］.新华网，2020-09-04.

② 图片来源：《吉林日报》2020 年 9 月 18 日 06 版，吉林日报记者王学雷摄。

湖泊周边空气湿度，提升区域内地下水位近 0.6 米，改善了区域生态环境。[①]以查干湖为中心，附近的向海、莫莫格和波罗湖都发生了可喜变化。

（二）防污、退耕、还湿，保障村民生活、兴旅游、促发展

吉林省和松原市编制和修订《查干湖治理保护规划》《查干湖旅游经济开发区生态旅游发展专项规划》等规划，为查干湖生态保护提供了科学依据。一是做好项目策划设计工作，策划实施生态保护和旅游发展项目 29 个，总投资 95 亿元，其中生态保护项目 23 个。二是大力推进西部供水前郭片区工程建设，主体施工已完成，该工程通过库里泡与嫩江相连，进一步改善了查干湖水质。三是在查干湖周边建设 3 个垃圾处理点和 3 个垃圾压缩站，安置固定垃圾箱（桶）215 个，为景区内 72 家餐饮服务企业建设了排污净化等装置。四是投入 3.2 亿元，建设查干湖生态水岸工程、生态隔离保护带、湖滨带生态围塘固化等项目 16 个，建成生态水岸工程 2.4 万延长米。五是减少人为活动破坏，清理整顿了景区内住宿、餐饮、娱乐等服务设施。清退影响湖区环境的旅游项目 18 个，拆除景区内违章建筑 2.2 万平方米。六是严控查干湖周边项目建设，坚持凡是有潜在环境风险的项目一个不上，从源头上保护好查干湖的碧水蓝天。[②]

党的十八大以来，查干湖退耕还湿还草还林 585 公顷，沿湖浅水域种植荷花、芦苇、香蒲等水生植物，形成了查干湖沿岸生态过渡保护带。同时，通过充分发掘林果花卉美化作用，着力打造查干湖围湖景观带，助力农业观光、休闲采摘等查干湖旅游业态开发。

（三）赏花、观鸟、养鱼，打好保护生态和发展旅游“两副牌”

查干湖畔，一大片荷花引人驻足。除了这片荷花池，查干湖还在打造万亩莲花园；同时，面积达 50 公顷的百花园设置了玫瑰花、马鞭草花、菊花等多个区域，这些花海成为游客“打卡”胜地。近年来，随着生态环境稳步向好，查干湖里的鸟类种类达到 239 种，其中国家一、二级保护鸟类达到 40 多种，查干湖的旅游综合收入也水涨船高。[③]另外，随着优化水质、投放优质鱼

① 衣兵.吉林查干湖：“治”中换来绿水青山，“舍”中赢得金山银山［J］. 中国环境监察，2019（9）：48.

② 同①：49.

③ 同①：50.

苗、科学地进行养鱼和捕鱼以及渔场搞承包等措施，查干湖的生态得到了良好保护，同时也有效促进了当地旅游经济的稳步发展。

候鸟云集的湖面①

随着查干湖生态保护成效的显现，越来越多的游客慕名而来，使得查干湖接待游客人数连年增加。为了给广大游客一个更好的体验，修建了查干湖机场，为当地的居民带来了实实在在的经济效益，拉动了当地的经济发展，渔家乐的兴起是其中的典型代表。查干湖不仅开展渔家乐，还利用自身地理优势大力发展特色民宿、采摘大棚等项目，这样查干湖的旅游业就形成了特色的产业链条，带动协调发展，当地农户都得到了实实在在的利益。

（四）大力发展以“冬捕”为核心的冰雪经济，打造保护生态与发展生态旅游的金字招牌

作为吉林省最大的内陆湖泊，查干湖盛产胖头鱼、鲤鱼、草鱼、鲫鱼、鲢鱼等 68 种鱼类。每年 12 月末至春节前的一段时间，是渔民进行大规模冬季捕鱼作业的黄金时间。因冬季捕鱼易于保存运输，所以这一古老的冬捕方式一直延续至今。查干湖冬捕始于辽金时期，历经千年依然保留着人工凿冰窟、人工布网、马拉绞盘形成动力牵引并拉拽渔网的原始捕鱼方式。“查干湖冬季捕鱼节”自 2002 年开始举办，至今已成功举办 8 届。神秘原始的渔猎文化和冬捕的壮观，吸引着祖国各地的游客顶风冒雪前来观光体验。2008 年，查干湖冬

① 图片来源：《吉林日报》2020 年 9 月 18 日 07 版，吉林日报记者王学雷摄。

捕经国务院批准被列入国家级非物质文化遗产保护名录。旅游节紧紧围绕查干湖冬网捕鱼世界奇观这一集民族、民俗、宗教、地方特色于一体的活动展开，群众参与性强，形成了“同游查干冰雪世界，共赏圣湖冬捕奇观”的宏大气势。[①] 为保证广大游客在旅游节期间每天都能观赏到查干湖冬网捕鱼的奇特景观，开幕式至闭幕式期间，查干湖每日都组织开展“冰上观鱼一日游”活动，游客可参与捕鱼作业，体验冰上渔家乐趣。

同时，查干湖通过举办雪地足球赛、民俗体验系列游等活动，打造民族特色冰雪旅游文化，使保护生态和发展生态旅游相得益彰。目前，冰雪旅游已经成为松原市拉动消费和服务业发展的重要引擎，冬捕已成为查干湖保护生态与发展生态旅游相得益彰的一个金字招牌，使得当地从发展冰雪旅游走向冰雪产业，再从冰雪产业走向冰雪经济。

三、经验启示

查干湖坚持保护生态和发展生态旅游相得益彰，通过抓治理、强保护、兴旅游、促发展，全力推进治理保护项目，查干湖治理保护工作取得扎实成效、生态旅游经济也取得了稳步发展。

在保护生态和发展生态旅游的实践中，一是坚持问题导向、强化举措、攻坚克难，确保查干湖治理保护工作顺利推进。注重在养殖生产过程中，不投饵、不用药。在捕捞过程中，坚持采用马拉绞盘的传统捕捞方式作业，避免机械设备污染，按时限高质量完成了中央环保督察整改任务。二是增强做好查干湖保护工作的责任感、紧迫感、使命感，特别是深刻领会习近平总书记重要讲话指示精神，坚定走绿色发展之路，坚持生态保护为先，强监管、补短板、堵漏洞、防风险，真正实现了科学治理、有效保护和适度开发三者的有机统一和相互促进。三是充分利用生态环境的持续优化优势，积极发展当地的特色旅游经济等产业。目前查干湖利用自身地理优势大力发展特色民宿、采摘大棚等项目，已经形成夏季以大湖湿地、草原风光及蒙古族风情为特色，冬季以冬网捕鱼、展现查干湖悠久渔猎文化为主要内容的特色旅游经济，在有效促进生态保护的同时，也给当地居民带来经济效益，推动当地经济发展，实现了保护生态

① 信息来源：松原市城市名片。

和发展生态旅游的和谐统一发展。

参考资料：

1. 衣兵．吉林查干湖："治"中换来绿水青山，"舍"中赢得金山银山［J］．中国环境监察，2019（9）：48–50.

2. 部分资料整理自：新华网、松原市城市名片。

案例 27

山东省威海市威海华夏城景区：文化和旅游开发实现“以山养山”

从废弃矿坑到国家5A级旅游景区，威海华夏城景区通过坚持不懈的山体修复改善景区生态，诉诸地方历史民俗为景区注入人文灵魂，以景观游览、演艺观赏、游乐体验等产品组合丰富景区内容，通过科学合理的旅游开发实现了生态保护与经济发展的和谐统一，实现了“以山养山”。

华夏城修复前后对比 [①]

① 图片来源：中国矿业报搜狐号，2018-09-25，由威海华夏城景区供图。

一、发展概况

威海华夏城景区坐落于威海龙山区域的废弃采石场之上。自 20 世纪 70 年代起，包括龙山在内的里口山成为采矿集中区，几十年的露天开采对当地生态环境造成了严重破坏，植被损毁、水土流失、噪声污染、粉尘污染等问题给当地居民的日常生活带来极大困扰。为了解决这一问题，21 世纪初，威海市委、市政府明确提出将山体保护列为矿政管理工作重点，要求对全市范围内的采石场进行整合关停，并出台相关政策组织引导企业、社会参与关停矿山的修复工程。

在这一背景下，华夏文旅集团积极响应政府号召，于 2003 年开始对龙山区域的废弃采石场进行生态修复。华夏文旅集团累计投资 44.3 亿元，历经 12 年，成功将废弃矿坑改造成为集山水人文之美于一体的国家 5A 级旅游景区。威海华夏城景区将生态修复与旅游开发相结合的成功实践，为实施绿色旅游开发、提升旅游生态文明价值提供了经验参考。

二、主要做法

如今威海华夏城是一处难得的古典与现代结合、自然与科技融为一体的文化旅游胜地，其主要的发展做法是：

（一）生态修复奠定发展基础

以“政府引导、企业参与、多资本融合”为治理模式，威海市委、市政府通过组织金融、国土、住建、规划等部门召开矿山修复专题会议，带领华夏文旅集团和相关部门负责人赴外省学习矿山修复经验，聘请山东省地质环境监测总站对龙山地质环境进行专项调查等方式，为华夏城景区的生态修复项目提供了重要支持。

在有关部门和地质专家的科学指导下，威海华夏城立足实际地质条件，有针对性地采取多种方式开展修复工程。对断面高、矿渣矿粉大量堆积的废弃矿坑，采用拉土回填的方式进行山体修复；对双面开采、难以修复的山体，则顺势修建隧道，改善景区交通条件；对损毁最为严重的坑矿密集区，则放弃修山，转而使用黄泥包底工艺修筑塘坝，以水面遮盖坑矿，同时解决了景区的缺水难题。华夏城对龙山矿坑的生态修复使绿水青山得以重现，为景区的后续发展奠定了重要的生态基础。

自习近平总书记视察后，华夏集团继续投资3000万元，对景区周边区域的4处废弃矿坑和景区湖泊共146亩进行综合治理和复绿，栽种树木2.8万株。按照总书记“做得更好更大”的要求，进一步巩固和扩大生态文明建设成果。

（二）文旅开发实现以山养山

为充分利用生态修复成果，实现生态经济可持续发展，威海华夏城以发展“文化旅游”为突破口，立足胶东地区的特色历史文化和民俗传统，修建了展示尧舜禹时期历史文化的禹王宫、展示胶东民俗特色的夏园、延续历史遗存的太平禅寺和太平庵等多处文化景观，另有音乐喷泉、传统武术、少数民族杂技舞蹈等表演穿插其中。位于矿坑内的“威海人民防空教育馆”，利用4D电影、灾害体验等方式宣传城市防空、核生化防护和防灾减灾知识，具有突出的教育意义。

威海华夏城景区内的旅游演艺“神游传奇”①

自习近平总书记视察后，华夏集团沿夏园生态湖规划建设了生态文明长廊和华夏生态文化展区，打造了一条连接生态文明长廊、胶东民俗文化街区等的生态旅游线路。同时，将“胶东民俗馆”更名为“威海民俗文化馆”，对内部设施进行改造升级，将威海传统民俗、非遗文化和历史故事融入其中，赋予更加深厚的文化内涵和历史底蕴。

---

① 图片来源：华夏文化旅游集团官方网站。

（三）多元化经营完善景区功能

为丰富景区旅游产品，完善景区功能，威海华夏城以打造文旅综合体为发展方向，将旅游演艺、旅游景区、主题乐园、海洋公园、度假酒店等旅游产品联合起来，通过多元化经营发挥协同效应，降低单一产品失败率。其中，威海神游海洋世界以海洋文化和渔业文化为主题，在海洋生物观赏和海洋动物表演外，突出展示了胶东渔业民俗、欧洲蒸汽时代渔业文化和地中海渔业风情；欢乐华夏游乐场作为威海首家大型主题游乐园，以不同主题空间覆盖各年龄段游客的游乐需要，在景点游览、演出观赏之外有效丰富了华夏城景区的游玩体验。

（四）专利护航筑牢演艺基础

华夏文旅集团从第二产业走来，多年的重工业机械技术经验，为演艺奠定了坚实的科技基础。华夏文旅集团打造的华夏演艺传奇系列拥有“360 度实景船式大看台”“观光野外实景演出的回转式船形大看台”“丝杠升降式多自由度动态舞台”“支撑臂丝杠升降式多自由度动态舞台”“卷扬升降式多自由度动态舞台”“支撑臂液压升降式多自由度动态舞台”“齿条升降式多自由度动态舞台”“互动船形看台式大型演出场”等 47 项舞台发明专利及实用新型专利。这些自有专利，为华夏文旅集团演艺项目发展奠定了坚实的基础。

华夏演艺传奇系列演出，首创会“跑”的旋转行走式看台，可以把观众送到每幕的最佳观赏位置，打破了“一面观众，一面舞台”的传统观演模式，创新出“中间是观众，四周是舞台”的全新立体观演体验。游客乘坐在会“跑”的看台上，观众席随着跌宕起伏的剧情变化而旋转、行走，使观众置身于美景与故事之中，获得震撼、刺激、唯美、欢快的文化娱乐体验。

三、经验启示

生态文明建设是“五位一体”总体布局的主要内容之一。十九大报告提出“山水林田湖草生命共同体”的理念，由污染治理转向大生态综合治理。威海华夏城景区立足景区实际，以“政府引导、企业参与、多资本融合”的模式，对废旧矿坑进行修复，对景区湖泊进行复绿，生态文明建设取得显著成效。

（一）青山绿水重铸生态之美

截至 2019 年，威海华夏城在生态修复项目中累计投资 51.6 亿元，在

16.28 平方千米的矿区内搬运回填土方 5867 万立方，修复矿坑 44 个，建造水库 35 座，修建隧道 6 条，植树 1138 万株，成功将满目疮痍、污染严重的废弃矿区改造为山青水绿的生态景区，使周边居民的生活环境得到极大改善。2018 年，凭借着在生态修复工程上的不懈努力和突出成果，华夏文旅集团在中国创新与经济融合发展大会暨（第二届）创新成果推介活动上同时获评“中国生态环保第一城”和“中国矿坑修复示范单位”两项荣誉。

（二）文化兴旅催生发展新动能

良好的生态环境是发展文化和旅游业的基础，而低能耗的文化和旅游业又可以为生态环境保护提供持久的动力。近年来，基于生态保护、生态修复的生态旅游得到了市场青睐，成为旅游市场发展的新兴业态。威海华夏城充分利用生态修复取得的成果，以发展“文化旅游”为突破口，立足胶东地区的特色历史文化和民俗传统，以打造文化和旅游综合体为发展方向，将旅游演艺、旅游景区、主题乐园、海洋公园、度假酒店等旅游产品联合起来，通过多元化经营发挥协同效应，实现了“以山养山”。威海华夏城先后获评“山东省文化产业示范园区”“国家休闲渔业示范基地”“国家 5A 级旅游景区”等荣誉。景区核心业态《神游传奇》秀，于 2017 年被中国演艺联盟评为“中国十大实景演艺”，在第四届“海上丝绸之路”（福州）国际旅游节上荣获“2018 中国旅游产业影响力旅游演艺”，并于 2019 年荣获第 26 届国际主题娱乐协会（Themed Entertainment Association）年度大奖 THEA 杰出成就奖。

（三）富民兴业助力乡村振兴

威海华夏城的生态修复工程和文化旅游开发卓有成效，既做到了以社会效益为先，也成功实现了经济效益与社会效益的协调统一。据统计，华夏城 2018 年共接待游客人数总计 230 万人次，年收入 2.3 亿元。景区自身的良好发展也有效带动了周边居民就业和产业繁荣。数据显示，2017 年，在华夏城实现就业的周边居民达 1000 余人，其人均年收入超过 4 万元。此外，华夏文旅集团还通过土地置换的形式参与周边社区的旧村改造工程，不仅使村民住上了整洁的新居，还通过在回迁居民区配套建设门市房的方式为村集体提供了稳定的收入来源，使当地村民享受到了实实在在的发展福利。

参考资料：

1. 新时代“愚公”：在矿坑废墟上建起华夏城 争做生态修复“弄潮儿”［EB/OL］. 华夏文旅官网，2018-07-24.

2. 自然资源部国土空间生态修复司 . 社会资本参与国土空间生态修复案例（第一批）：山东威海华夏城矿山生态修复［Z］. 2020，8.

项目策划：孙妍峰
责任编辑：孙妍峰
责任印制：孙颖慧
封面设计：武爱听

图书在版编目（CIP）数据

走进绿水青山 感受诗与远方 ：十八大以来文化和旅游改革发展案例选 / 中央文化和旅游管理干部学院编著. -- 北京 : 中国旅游出版社, 2021.5
ISBN 978-7-5032-6668-3

Ⅰ. ①走… Ⅱ. ①中… Ⅲ. ①文化发展－研究－中国②旅游业发展－研究－中国 Ⅳ. ①G12②F592.3

中国版本图书馆CIP数据核字(2021)第028893号

书　　名：走进绿水青山 感受诗与远方：
十八大以来文化和旅游改革发展案例选

作　　者：中央文化和旅游管理干部学院
出版发行：中国旅游出版社
（北京静安东里 6 号 邮编：100028）
http://www.cttp.net.cn E-mail:cttp@mct.gov.cn
营销中心电话：010-57377108，010-57377109
读者服务部电话：010-57377151
排　　版：北京旅教文化传播有限公司
经　　销：全国各地新华书店
印　　刷：北京明恒达印务有限公司
版　　次：2021 年 5 月第 1 版 2021 年 5 月第 1 次印刷
开　　本：720 毫米 ×970 毫米 1/16
印　　张：12
字　　数：192 千
定　　价：49.80 元
ＩＳＢＮ 978-7-5032-6668-3